Storïau 2000

CYMRU A'R BYD

Casgliad o storïau'r Canrifoedd,

o'r Beibl i'r Bala,
o Ganaan i Gymru.

Casglwyd gan
Aled Davies

CYHOEDDIADAU'R
GAIR

Ⓟ Cyhoeddiadau'r Gair 1999

Casglwyd gan Aled Davies.
Cyfraniadau gan: H. Gareth Alban, Huw John Hughes, Cynthia Davies, Margaret Cynfi, Brenda Wyn Jones, Myrddin ap Dafydd, Elfed ap Nefydd Roberts, Caryl Parry Jones, Mici Plwm, Angharad Tomos, T. Llew Jones, Martyn Geraint, Dafydd Iwan, Wynford Ellis Owen, Maldwyn Thomas, Elenid Jones, Plant Ysgol gynradd Manod, Blaenau Ffestiniog.

Dymuna'r cyhoeddwyr gydnabod cefnogaeth a chydweithrediad *Scripture Union* ac *Angus Hudson Ltd.*
Argraffwyd ym Mhrydain.

ISBN 1 85994 215 6

Cedwir pob hawl. Ni chaniateir copïo unrhyw ran o'r deunydd hwn mewn unrhyw ffordd oni cheir caniatâd y cyhoeddwyr.

Cyhoeddwyd gan:
Cyhoeddiadau'r Gair, Cyngor Ysgolion Sul Cymru,
Ysgol Addysg, PCB, Safle'r Normal,
Bangor, Gwynedd, LL57 2PX.

Cynnwys

Beth yw'r Mileniwm?	Undeb y Gair	4
Dyddiadau a chyfnodau	Undeb y Gair	13
Pam dathlu'r Mileniwm?	Gareth Alban	17
Dewi Sant	Gareth Alban	32
Llygoden fach ddarbodus	Huw John Hughes	37
Cyndeyrn a'r Colsion	Huw John Hughes	38
Gwrthod y ferch hardd	Huw John Hughes	40
Help Annisgwyl	Huw John Hughes	41
Yr Esgob William Morgan	Cynthia Davies	44
Mari Jones a'i Beibl	Margaret Cynfi	49
Wyn bach Melangell	Brenda Wyn Jones	60
Sant Beuno a'r gylfinir	Brenda Wyn Jones	62
Blynyddoedd Goleuni	Myrddin ap Dafydd	64
Gweddi'r Mileniwm	Elfed ap Nefydd Roberts	65
Gadewch i blant bychain	Caryl Parry Jones	66
Fe aeth nain i Fethlehem	Mici Plwm	67
Stori'r Pethau Colledig	Angharad Tomos	71
Y Mab Afradlon	T. Llew Jones	73
Iesu yn helpu dal pysgod	Martyn Geraint	77
Y Samariad Trugarog	Dafydd Iwan	81
Y Mab Anniolchgar	Wynford Ellis Owen	84
Caleb yr Ysbïwr	Maldwyn Thomas	90
Menyg lês a'r Ynys Fawr	Elenid Jones	97
Anrhegion i Iesu Grist	Plant Ysgol Manod	101
Gobeithion y Mileniwm newydd	Plant Ysgol Manod	103
Fy nyddiadur a'm cofnod o 2000	Aled Davies	105

Beth yw'r Mileniwm?

2000 o flynyddoedd ers beth...?

Y DÔM!

Y parti mwyaf erioed!

Chwilen y Mileniwm!

Pam fod cymaint o ffwdan ynglŷn â dechrau'r flwyddyn 2000? Wyt ti'n credu mai dim ond esgus i gyflwynwyr teledu a'r diwydiant twristiaeth gael mynd dros ben llestri yw'r cwbl? Oni fydd bywyd yn union yr un fath ar 1 Ionawr 2000 ag yr oedd ar 31 Rhagfyr 1999?

Bydd, mi fydd o, os nad yw'r straeon am y chwilen - goleuadau traffig ddim yn gweithio ar amser, ceir yn gwrthod cychwyn, awyrennau yn gorfod cael eu glanio ac yn y blaen - yn wir. Ond oni bai am hynny...

Mae'n hawdd anghofio'r gwir reswm pam fod gennym rhywbeth i'w ddathlu yn y lle cyntaf. Mae'r llyfr hwn, felly, yn dechrau gyda'r gorffennol ac yn rhoi llawer o wybodaeth am Iesu, gan mai ei enedigaeth ef ddwy fil o flynyddoedd yn ôl (neu rywbryd o gwmpas yr amser hwnnw) yw'r gwir reswm dros yr holl ddathlu. Ceir yn y llyfr hwn gasgliad o storïau am Iesu, nifer o storïau am rai o arwyr y ffydd, yng Nghymru a thu hwnt, heb sôn am grynodeb o hanes y 2000 o flynyddoedd.

Mae cyfle hefyd i ti gofnodi ychydig o dy hanes di yn ystod y flwyddyn arbennig hon.

Rydym yn gobeithio y byddi'n mwynhau darllen Storïau 2000. Byddai'n syniad da i ti ei gadw i gofio am ddathlu'r Mileniwm newydd!

Mwynha'r dyfodol!

Beth yw'r Mileniwm, felly?

Mae'r mileniwm yn gyfle gwych i gofnodi amser fel y mae'n mynd heibio. Ond nid dyna'i holl bwrpas...

Beth mae pobl yn dal i'w gofio am Iesu ers 2000 o flynyddoedd?
- Mae'n ddyn sydd wedi cael mwy o ddylanwad ar hanes nag unrhyw un arall.
- Y pethau wnaeth o. Mae'r rhain wedi cael eu dysgu a'u hefelychu am 2000 o flynyddoedd.
- Y pethau ddywedodd o. Mae'r rhain wedi cael eu hastudio a'u deall am 2000 o flynyddoedd.
- Y stori ryfeddol am Iesu'n dod yn ôl yn fyw wedi iddo gael ei adael i farw ar y groes.
- Y ffaith fod Iesu wedi dweud y bydd gyda phawb bob amser.

Beth ddigwyddodd yn 1 OC?
- Efallai mai dyma pryd y ganed Iesu. (Mae'n fwy tebygol iddo gael ei eni bedair neu bum mlynedd yn gynharach.)
- Cafodd pobl eraill eu geni. Bu rhai eraill farw.
- Cafodd rhyfeloedd eu hymladd a chafwyd heddwch. (Roedd Iwl Cesar wedi dod ac wedi gadael Prydain. Doedd o ddim yn hoffi'r tywydd!)
- Roedd y Celtiaid hefyd wedi dod i Brydain... ac fe wnaethon nhw aros.
- Roedd y Rhufeiniaid yn rheoli Israel. Penderfynasant gyfrif y boblogaeth. Roedd yn rhaid i bawb oedd yn byw yn yr Ymerodraeth Rufeinig gymryd rhan. Roedd hynny'n cynnwys Israel.

Felly mae pobl yn cofio Iesu. Ei benblwydd ef yn 2000 o flynyddoedd oed yw'r Mileniwm. Darllen ymlaen i ddarganfod sut y dechreuodd y cyfan...

Cylchlythyr Teulu'r Saer o Nasareth

Annwyl gyfeillion,

Mae hi wedi bod yn flwyddyn galed a rhyfedd iawn i ni. Yn y lle cyntaf, daeth angel i ymweld â ni (Mair fy ngwraig a minnau). Mi fu hynny'n dipyn o sioc, credwch fi. Dywedodd yr angel wrthym ein bod am gael plentyn - bachgen bach - ac mai Iesu fyddai ei enw! Yna, er bod Mair yn feichiog ac yn reit fawr, roedd yn rhaid i ni deithio i Fethlehem ar gyfer y cyfrifiad am fod y Rhufeiniaid yn casglu enwau pawb. Roedd hi'n amhosibl dod o hyd i le i gysgu. Yn y diwedd, bu'n rhaid i ni aros mewn cwt anifeiliaid oedd yn oer, budr a drewllyd.

Yn hwyr un noson, ganwyd ein mab. Cawsom dipyn o fraw pan ddaeth criw o fugeiliaid draw i'n gweld. Roeddent wedi clywed am ein mab, Iesu, ac wedi gadael eu defaid gan ddod i'w addoli ef. Yna, ymhen ychydig, daeth gwŷr doeth i ymweld â ni. Roeddent wedi teithio ymhell ac wedi dod ag anrhegion gwerthfawr iawn.

Ychydig o fisoedd oed oedd Iesu pan fu'n rhaid i ni ddianc i'r Aifft (yn bell iawn i ffwrdd). Cael a chael oedd hi oherwydd mi ddechreuodd y fyddin ladd bechgyn bach oedd newydd gael eu geni o gwmpas Bethlehem. Mae Mair a minnau wedi meddwl llawer am ein mab - rydym yn credu fod Duw wedi dangos i ni ei fod am fod yn berson arbennig iawn.

Diolch am eich cyfeillgarwch,

Mair a Joseff (a Iesu)

Iesu.bywyd.teuluol/tudalen.we@yMileniwm

Teulu
- mab Mair a Joseff; mae ganddo gefnder enwog sydd ychydig fisoedd yn hŷn nag ef, sef Ioan Fedyddiwr.

Ei Flynyddoedd Cynnar
- plentyndod cyffredin; ei dad yn saer yn nhref fechan Nasareth; mae'n debyg iddo helpu ei dad yn y gweithdy; mynychu ysgol synagog y pentref a dysgu'r athrawiaethau yn yr ysgrifau Iddewig.

Ei Arddegau Cynnar
- yn ddeuddeg oed, aeth ar goll tra roedd yn Jerwsalem (dros 100 cilomedr o'i gartref) yn dathlu gŵyl y Pasg; yn y diwedd, daeth ei rieni o hyd iddo yn gwrando ac yn siarad ag athrawon crefyddol doeth yn y deml!

Teithio
- pan roedd oddeutu 30 oed, dechreuodd ar ei waith yn gwella cleifion ac yn siarad am Dduw; teithiodd o le i le; o hynny ymlaen, ni fu ganddo gartref sefydlog, ac fe arhosai gyda'i ffrindiau yn y trefi a'r pentrefi yr oedd yn ymweld â nhw.

✓ **Ei Hoff Ymweliadau**
- aros gyda'r chwiorydd, Mair a Martha, ym mhentref Bethania.
- arhosodd am bryd o fwyd yn Jerico gyda chasglwr trethi twyllodrus o'r enw Saceus.

✗ **Ymweliadau Dychrynllyd**
- ddim yn hoff o fynd yn ôl i Nasareth gan nad oedd rhai pobl yno'n ei ddeall ac wedi mynd cyn belled â bygwth ei daflu dros ochr y mynydd;
- yn agos i ddiwedd ei oes, taflwyd ef i'r carchar.

7

Adroddiad Ysgol

Beth wnaeth Iesu i achosi'r fath ffwdan? Dyma adroddiad ar ei fywyd cynnar. (Byddai'n mynd i'r ysgol yn y synagog leol ond mae'n debyg na fyddai wedi derbyn adroddiad yr union yr un fath â'r un yma!)

Adroddiad
Enw: Iesu o Nasareth   **Dyddiad: 32 OC**

Daearyddiaeth
Gwybodaeth dda am ffyrdd yr ardal gan ei fod yn cerdded pellteroedd maith rhwng trefi a phentrefi. Mae'n gyfarwydd â thrafnidiaeth ar y dŵr hefyd gan ei fod yn hwylio ar Lyn Galilea o dro i dro.

Hanes
Mae ganddo ddiddordeb mawr yn yr ysgrifau crefyddol Iddewig ac mae'n gwybod y cyfan am arweinwyr y gorffennol - pobl fel Abraham, Dafydd a Moses. Mae'n defnyddio'r wybodaeth hon i ddysgu eraill am y ffordd y mae Duw am iddynt fyw.

Addysg Grefyddol
Ni bu erioed neb gwell yn y maes hwn! Mae'n cael trafodaethau dwys gydag arweinwyr crefyddol pwysig.

Gwyddoniaeth
Mae'n amlwg yn deall sut mae'r byd yn gweithio. Mae'n gwybod sut i wella pobl sâl ac anhapus. Gall atal stormydd ar Lyn Galilea a gall hyd yn oed gerdded ar y dŵr!

Datblygiad Cymdeithasol
Mae Iesu'n cyd-dynnu'n dda â phobl, er ei fod yn achosi penbleth i rai. Dydi pawb ddim yn ei hoffi. Mae wedi gwella pobl gloff, pobl ddall a phobl gyda chlefydau ofnadwy ar eu crwyn. Mae hefyd wedi dod â thri o bobl yn ôl yn fyw wedi iddynt farw.

Sylwadau
Mae Iesu'n berson eithriadol sy'n newid bywydau pobl lle bynnag y bydd. Mae gan Iesu o Nasareth ddyfodol llewyrchus o'i flaen a bydd yn dod â goleuni i'r byd.

Beth sydd mewn enw?

Iesu o Nasareth oedd un enw a roddid ar y dyn yr ydym yn dathlu ei eni yn y flwyddyn 2000. Mae ganddo nifer o enwau neu deitlau i gyd.

Iesu neu Joshua - enw cyffredin sy'n golygu 'un sy'n achub'.

Iesu bar Joseff Ystyr 'bar' yw 'mab', felly ystyr Iesu bar Joseff yw 'Iesu fab Joseff' neu 'Iesu ap Joseff'.

IESU O NASARETH Yn aml, roedd '... o Nasareth' yn cael ei ychwanegu er mwyn gallu dweud y gwahaniaeth rhyngddo ag eraill gyda'r enw 'Iesu' a oedd yn byw mewn llefydd eraill. Cafodd Iesu ei fagu yn Nasareth.

Meseia / Crist
'Meseia' yw'r gair Hebraeg a 'Crist' yw'r gair Groegaidd sy'n golygu 'un wedi'i eneinio' neu berson sydd wedi cael ei ddewis i bwrpas arbennig, fel brenin. Roedd pobl yn amser Iesu yn disgwyl genedigaeth brenin a fyddai'n gwneud pethau rhyfeddol. Roedd rhai'n gweld Iesu fel yr arweinydd hwn yr oedden nhw wedi cael addewid amdano.

Athro
Câi Iesu ei alw'n 'Athro' gan bobl yn aml. Roedd ganddynt barch mawr i'w ddysgeidiaeth. Roedd Iesu'n dysgu pobl am Dduw a sut mae Duw am i ni fyw. Roedd o'n storïwr penigamp.

Wrth i amser fynd yn ei flaen, roedd mwy a mwy o bobl yn sylweddoli nad dyn cyffredin mo Iesu mewn sawl ffordd. Roedd rhai'n deall fod Duw wedi danfon ei Fab, Iesu, i'r ddaear. Dywedai llawer fod y ffaith fod Iesu wedi dod yn ôl yn fyw yn profi mai Duw oedd o.

Mab Duw

Newydd Ddod i Law!

Iesu'n Marw, a'r Awyr yn Troi'n Ddu

Heddiw, gwireddwyd y penderfyniad annisgwyl o groeshoelio Iesu gyda dau leidr cyffredin. Cafodd Iesu ei hoelio i groesbren ac, yn y diwedd, bu farw. Tywyllodd yr awyr wrth iddo farw. Trywanodd y milwyr ef yn ei ystlys i wneud yn siŵr ei fod wedi marw. Disgwylir i'w gorff gael ei symud a'i gladdu mewn beddrod sydd wedi ei gloddio ar ochr y bryn.

IESU WEDI'I ARESTIO AC YN CAEL EI HOLI

Mae'r prif offeiriaid wedi arestio Iesu oherwydd eu bod yn poeni am ei fod mor boblogaidd. Mae'r arweinwyr crefyddol hyn yn ei gyhuddo o sarhau Duw. Ond mae ei ffrindiau'n honni fod Iesu'n Fab i Dduw. Mae stori ar led ei fod wedi ei ddedfrydu i farwolaeth.

Iesu'n Fyw; ei Ffrindiau wedi Gwirioni

Mae ffrindiau Iesu, y dyn a gafodd ei groeshoelio dridiau yn ôl, wedi gwneud honiad anarferol iawn. Maent yn dweud fod Iesu, a oedd, heb unrhyw amheuaeth, wedi marw, yn fyw unwaith eto. Mae rhai hyd yn oed yn dweud eu bod wedi ei weld a'i glywed yn siarad. Mae eraill yn dweud fod angel wedi dweud y newydd wrthynt. Mae'r prif offeiriaid, sy'n poeni'n arw erbyn hyn, yn gwrthod sôn am y digwyddiad.

IESU'N DIFLANNU I'R NEFOEDD

Yn ôl adroddiadau a ddaeth i law, mae Iesu, sydd wedi cael ei weld yn ôl yn fyw gan dros 500 o bobl, wedi mynd i'r nefoedd. Cyn iddo ddiflannu i gwmwl, siaradodd gyda'i ddilynwyr, gan addo iddyn nhw eu bod am gael y nerth i ddweud wrth eraill am Dduw. Eisoes, mae grwpiau o'i ddilynwyr yn trefnu i gyfarfod a chyd-weddïo.

Cyfnodau Stori

Meddylia am stori dda: dechrau gwych sy'n tynnu dy sylw di. Digon o ddirgelwch neu gyffro i wneud i ti ddal ati i droi'r tudalennau hyd y diwedd. O'r diwedd, rwyt ti'n gwybod beth ddigwyddodd. Y diwedd. Am siom! Wedi gorffen. Mae'r cyfan ar ben.

Ond wnaeth stori Iesu ddim gorffen pan aeth o'n ôl i'r nefoedd. Ddim o gwbl. Mae gan ddilynwyr Iesu stori sydd wedi para 2000 o flynyddoedd yn barod, ac mae'r stori'n dal i fynd yn ei blaen.

Dechreuodd y stori wedi i Iesu ddod yn ôl yn fyw a phan oleuodd meddyliau ei ddilynwyr. Yna aeth y stori drwy gyfnodau ofnadwy pan gâi Cristnogion eu lladd drwy eu curo, eu crogi neu, yn oes y Rhufeiniaid, drwy gael eu bwydo i'r llewod! (Ers i Iesu ddod yn ôl yn fyw, mae Cristnogion yn credu nad marwolaeth yw diwedd popeth.)

Ond mae'r stori wedi gweld cyfnodau da hefyd. Mae cannoedd ar filoedd o bobl wedi sylweddoli fod Iesu'n gallu bod gyda nhw hefyd, i'w helpu nhw i wneud synnwyr o'u bywydau. Mae brwydrau wedi eu hymladd yn enw Cristnogaeth. Mae Cristnogion wedi anghytuno ynglŷn â beth yw'r pethau cywir a'r pethau anghywir i'w credu. Er hyn, mae'r ffydd Gristnogol wedi tyfu, wedi ymestyn dros y byd i gyd ac mae'n dal i ymestyn heddiw. I ddysgu sut, - darllen ymlaen!

Y Cyfnodau Cynnar

Mae'n deimlad gwych cael bod mewn timau, clybiau, grwpiau neu griwiau. I ba grwpiau rwyt ti'n perthyn? Yr Urdd? Tîm pêl-droed? Y Clwb-Sut-i-Osgoi-Gwersi-Ymarfer-Corff? Mae un peth yn ddigon siwr, fuaset ti ddim yn trafferthu dod ynghyd â phobl eraill oni bai dy fod yn credu fod y cyfan werth yr ymdrech.

Roedd y bobl gyntaf i gredu yn Iesu i gyd wedi tyrru i mewn i ystafell fechan. Roedden nhw wedi gweld Iesu wedi iddo ddod yn ôl yn fyw. Roedden nhw wedi ei weld o'n diflannu i'r nefoedd. Eisteddent gyda'i gilydd yn cynllunio beth roeddent am ei wneud, gan ofyn i Dduw eu helpu. Yn sydyn, dyma rywbeth fel fflamau o dân yn glanio ar eu pennau nhw. A'r munud hwnnw, dyma nhw'n derbyn y nerth roedden nhw ei angen gan Dduw ac aethant ati i ddweud wrth bobl eraill.

Nid oedd Paul, y cyntaf i fod yn bregethwr Cristnogol gwirioneddol fawr, yn un o'r rhai cyntaf hyn i gredu yn Iesu. A dweud y gwir, roedd Paul yn meddwl fod y rhai oedd yn dilyn Iesu yn bobl beryglus a'u bod yn malu awyr. Ond yna, fe glywodd lais Iesu'n siarad hefo fo. Newidiodd hyn ei fywyd. Teithiodd filoedd o filltiroedd i ddweud wrth bobl am Iesu.

Cafodd Paul ei roi yn y carchar, ei glymu â chadwyn i wal yn ystod daeargryn, bu mewn llongddrylliad a chafodd ei arestio. Ond roedd o'n dal i siarad am Iesu. Credai'r bobl oedd ddim yn hoffi'r hyn roedd o'n ei ddweud mai'r unig ffordd i roi taw arno oedd drwy ei ladd. Mae'n debyg iddo gael ei ladd yn Rhufain. Ysgrifennodd Paul lawer o lythyrau at Gristnogion. Gelli di ddarllen rhai ohonynt yn y Beibl, fel y llythyr at y Rhufeiniaid a'r un at Gristion ifanc o'r enw Timotheus.

Dechreuodd dilynwyr Iesu ymhob man ddod at ei gilydd mewn grwpiau. Dyna yw'r eglwys heddiw (nid sôn am adeilad yr ydym ni!).

Dyddiadau a Chyfno[dau]

1. Mae calendrau a dyddiaduron yn bwysig iawn i ni. Pe buasem ni'n cael y dyddiad yn anghywir, efallai y byddem yn methu diwedd gwyliau'r ysgol ac yn aros adref o'r ysgol yn rhy hir... (er efallai na fyddai hynny'n beth rhy ofnadwy chwaith!)

2. Ond dychmyga fethu penblwyddi a'r Nadolig... (mi <u>fuasai</u> hynny'n ofnadwy!)

3. Ymhen 300 mlynedd wedi geni Iesu, roedd Cristnogion (dilynwyr Iesu) wedi mynd i fyw yn ardal y Gwlff, i rannau helaeth o Ewrop ac i rannau o Affrica. Roedd Iesu'n cael dylanwad mawr ar fywydau miloedd o bobl.

4. Ond roedd yna gryn benbleth am y dyddiadau. Mewn gwahanol rannau o'r byd, byddai pobl yn cyrraedd llefydd yn y mis anghywir neu hyd yn oed yn y flwyddyn anghywir!

5. Felly yn y flwyddyn 535 OC, penderfynodd mynach o'r enw Dionysius gael trefn ar y cyfan a threfnu pob dyddiad ar sail blwyddyn geni Iesu. Dyna'r system ddyddio sy'n cael ei defnyddio yn y rhan fwyaf o wledydd y byd hyd heddiw!

6. (Mae'n werth cofio fod Dionysius fwy na thebyg, tua pedair neu bum mlynedd allan ohoni!) Ond mae pob blwyddyn yn awr yn OC, sy'n golygu 'Oed Crist'.

7. A gelwir y dyddiadau cyn geni Crist yn CC, sef 'Cyn Crist'. Felly... mae'r flwyddyn 2000 OC yn cofnodi 2000 o flynyddoedd wedi geni Iesu.

Cyfnodau Tywyll

Efallai ein bod ni'n meddwl ei bod hi'n galed arnom ni... mynd i'r ysgol, clirio ein hystafelloedd gwely neu fynd â'r ci am dro. Ond, a dweud y gwir, mae hi'n braf iawn arnom ni! Roedd yna gyfnodau pan oedd pobl a oedd yn credu yn Iesu yn cael eu cosbi a'u camdrin.

Yn 330 OC, dechreuodd Cristnogion Dwyrain Ewrop a'r rhai yn yr Eidal ac ardal y Gwlff ddadlau gyda'i gilydd. Roedden nhw'n dadlau ynglŷn â sut y dylen nhw addoli Duw a beth y dylen nhw ei gredu. Roedd rhai Cristnogion yn dal i gael eu lladd am sôn am Iesu Grist. Roedd nifer o arweinwyr eglwysig barus a hunanol yn twyllo pobl gyffredin ac yn cymryd eu harian a'u tiroedd.

Yn 1095, penderfynodd y byddinoedd Cristnogol yn Ewrop ymosod ar bobl o grefydd arall a oedd yn byw yn y wlad lle roedd Iesu wedi bod yn byw. Mi fyddai'r rhan fwyaf o Gristnogion erbyn heddiw yn dweud fod hyn yn beth dychrynllyd i'w wneud. Yn ystod pedair croesgad, cafodd miloedd o bobl ar bob ochr eu lladd mewn brwydr... am wastraff bywyd!

Ond er gwaethaf yr anhegwch, y brwydrau, y dryswch, yr helynt a'r dadlau, daliodd yr Eglwys Gristnogol i dyfu a thyfu a thyfu (fel y goeden ffa yn y stori honno)!

Cyfnodau o Newid

Gall gweld llond tudalen o **eiriau** mewn iaith arall wneud i ni feddwl bod y gath wedi bod yn dawnsio ar yr bysellfwrdd! Os nad ydym yn deall y geiriau, mi allwn ni deimlo ein bod wedi ein gadael allan o bethau, fel petaen nhw'n sôn am gyfrinach nad ydym ni'n rhan ohoni.

Erbyn 1400, roedd y rhan fwyaf o weddïau ac emynau yn dal i fod mewn Lladin, iaith hynafol iawn. Doedd pobl gyffredin ddim yn gallu eu darllen nhw. Roedd yn rhaid iddynt gael rhywun i ddweud wrthyn nhw beth roedden nhw'n ei feddwl. Ychydig iawn o Feiblau Saesneg oedd ar gael. Roedd y rhain wedi cael eu hysgrifennu â llaw. Ond 200 mlynedd yn ddiweddarach, dyfeisiodd Caxton beiriannau rhyfeddol a oedd yn argraffu llyfrau. Yn awr, roedd yn bosibl cynhyrchu niferoedd mawr o Feiblau.

Yn 1525, cafodd fersiwn Saesneg William Tyndale o'r Testament Newydd ei gyhoeddi, a dechreuodd pobl ei alw yntau yn 'dad y Beibl Saesneg'. Flwyddyn yn ddiweddarach, cafodd ei arestio, ei grogi a'i losgi. Yna, yn 1588, cyfieithodd William Morgan y Beibl i'r Gymraeg. Cafodd gweddïau a llyfrau Cristnogol eraill eu cyhoeddi yn y Gymraeg hefyd. O'r diwedd, roedd pobl yn gallu darllen y Beibl drostyn nhw eu hunain a'i ddeall yn iawn. Roedd fel petai rhywun wedi rhannu cyfrinach â nhw! Wrth i fwy o bobl ddarllen y Beibl, daeth mwy o bobl i gredu yn Iesu gan ddweud wrth eraill amdano.

Erbyn heddiw, mae'n hawdd iawn dod o hyd i Feibl Cymraeg a Beibl y gall pawb ei ddeall - ac mae hynny'n cynnwys plant hefyd. Mae'r Beibl neu rannau ohono wedi ei gyfieithu i 2211 o ieithoedd eraill hefyd! I ddarganfod mwy, edrych ar dudalen olaf y llyfr hwn.

Ein Cyfnod Ni

Dros y 2000 mlynedd ddiwethaf, mae pobl sy'n credu yn Iesu wedi ceisio newid y byd! Roedd Iesu eisiau i bobl sâl gael gofal, i bobl dlawd gael cymorth ac i blant gael eu caru. Mae Cristnogion wedi ceisio - ac yn dal i geisio - gwneud hyn. Dyma rai enghreifftiau.

Roedd **William Wilberforce** yn casáu gweld caethweision yn cael eu hanfon dros y byd mewn llongau. Gweithiodd yn galed i gael gwared o'r fasnach gaethweision.

Gwelodd y **Fam Theresa** angen mawr y plant a oedd yn byw ar y strydoedd yn India. Aeth ati i sefydlu mudiad i helpu'r plant hyn.

Yn aml iawn, Cristnogion sydd wedi arwain ymgyrchoedd i gael gwared o lafur plant, i wella safon tai, ac i ofalu am bobl, gyda mudiadau fel CAFOD, Cymorth Cristnogol a TEAR Fund.

Mae adeiladau eglwysig i gyd yn wahanol iawn. Mae rhai'n lefydd hwyliog a bywiog, ac eraill yn ddigon diflas! Mae rhai'n fawr a rhai'n fach. Mae rhai'n hen iawn, a rhai'n fodern iawn. Mae llawer o Gristnogion yn cyfarfod mewn cartref, ysgol neu neuadd gymuned, yn hytrach nag mewn adeilad eglwysig. Ac mae pob Cristion yn sefyll fel arwydd yn pwyntio i'r nefoedd, yn cofio'r babi bach hwnnw a anwyd mewn stabl 2000 o flynyddoedd yn ôl.

2,000 o flynyddoedd yn ôl, cafodd Iesu ei eni. 33 mlynedd yn ddiweddarach, bu farw. 3 diwrnod wedyn, daeth yn ôl yn fyw gyda math gwahanol o gorff. Mae hynny'n golygu ei fod dal yn fyw heddiw. Mae o wedi cael dylanwad rhyfeddol ar y byd. Mae Cristnogion yn credu y gallwn ni ddod i'w adnabod heddiw.

Dyna, felly, yw holl ystyr y Mileniwm - paid â cholli allan arno!

PAM DATHLU'R MILENIWM?

Mae'n siwr eich bod wedi clywed llawer o sôn am *'Star Wars'.* Mae'r ffilmiau wedi cael digon o sylw. Mae yna ffilmiau eraill hefyd sydd wedi cael sylw mawr, sef ffilmiau am yr hanesion sydd yn y Beibl. Mae'r rhain yn cael eu dangos yn aml adeg y Nadolig. Mae un - *Ben Hur* - yn dangos ras gerbydau enwog iawn fel yr oedd yn arfer cael ei chynnal yn Rhufain - pob cerbyd â phedwar ceffyl yn ei dynnu. Mae nifer o gerbydau yn y ras, ac yn eu plith un â phedwar ceffyl du yn ei dynnu a'r llall â phedwar ceffyl gwyn, a'r gwyn sy'n ennill.

Un arall o'r ffilmiau yw *The Greatest Story ever Told* sef hanes bywyd a gwaith Iesu Grist. Mae'n para tua phedair awr. Y neges fan hyn yw bod Iesu Grist yn ddigon pwysig i bobl y ffilmiau hyd yn oed roi sylw iddo.

Rydych chi'n gwybod bod llawer iawn o sylw yn cael ei roi i ddiwedd y flwyddyn hon a dechrau'r flwyddyn nesaf. 1999 yn troi i 2000. Tybed a ydych chi wedi clywed am y 'milennium bug'? Rydyn ni'n dod i ddiwedd canrif a dechrau un arall, a mwy na hynny i ddiwedd mil o flynyddoedd - y mileniwm. Mae eisiau i ni gofio bod hyn yn digwydd oherwydd geni bachgen bychan tua dwy fil o flynyddoedd yn ôl, sef Iesu Grist. Dyma'r person mwyaf arbennig a gafodd ei eni erioed. Tybed a welsoch chi'r llythrennau CC a OC yn cael eu defnyddio? Ystyr y rhain yw CYN CRIST ac OED CRIST sef ar ôl Crist. Fe newidiodd hwn hanes ein byd yn fwy na neb arall. Dyna pam y mae hi mor bwysig ein bod ni'n clywed a dysgu amdano.

Y LLYFR SY'N GWERTHU ORAU

Fe ddown i wybod am Iesu drwy ddarllen y Beibl. Mae'r llyfrau ynddo - 39 yn yr Hen Destament a 27 yn y Testament Newydd - wedi cael eu hysgrifennu gan wahanol bobl ar wahanol adegau. Cafodd tair iaith eu defnyddio - Hebraeg ac Aramaeg yn yr Hen Destament a Groeg yn y Testament

Newydd. Erbyn heddiw mae'r Beibl wedi cael ei gyfieithu i laweroedd o ieithoedd.

Pam mae'r Beibl ac felly Iesu Grist mor bwysig? Mae'r ateb yn eithaf syml. Mae hanes Iesu wedi newid bywydau miliynau o bobl ar draws y byd, eu newid go iawn. Ac mae hyn yn digwydd o hyd.

ADRODD STORI

Fe welwch chi bod y Testament Newydd yn dechrau gyda'r Efengylau - yr Efengyl yn ôl Mathew, yna Marc, Luc ac Ioan. Dyma'r llyfrau sy'n adrodd stori Iesu Grist. Ystyr 'efengyl' yw 'newyddion da', ac mae stori Iesu Grist yn newyddion da. Fe soniais i ar y dechrau am *Star Wars.* Mae Mathew yn sôn am seren a ymddangosodd adeg geni Iesu Grist, y seren o'r Dwyrain yn dangos i'r Doethion lle cafodd Iesu ei eni yn Methlehem. Mae Luc yn sôn am fugeiliaid yn gadael eu gwaith o ofalu am eu defaid yn y nos ac yn mynd i weld beth oedd wedi digwydd ym Methlehem.

Ar ôl geni Iesu mae'r stori'n dweud bod ei rieni, Mair a Joseff, ac yntau wedi gorfod ffoi i'r Aifft. Roedd y brenin Herod, un creulon ofnadwy, am ladd Iesu. Pan welwch chi ar y teledu bod pobl a phlant yn dianc o un wlad i'r llall am fod pobl yn greulon wrth ei gilydd, cofiwch bod yr un peth wedi digwydd i Iesu Grist pan oedd ef yn faban bach. Wedi i Herod farw fe ddaeth y teulu yn ôl i fyw yn Nasareth.

Rydych chi, mae'n siwr, yn hoffi gwybod beth yw hanes sêr y byd pop, sut maen nhw'n edrych ac yn gwisgo, beth maen nhw'n ei fwyta, a beth yw eu diddordebau nhw. Ond wyddon ni ddim byd fel hyn am Iesu. Un rheswm am hyn yw nad oedd y rhai oedd yn ysgrifennu ei hanes yn malio llawer iawn am yr hyn sydd o ddiddordeb i ni. Iddyn nhw, bywyd a gwaith Iesu Grist oedd y peth pwysig. Yn arbennig ei farw a'i atgyfodi. Mae rhan fawr o Efengyl Marc yn sôn am wythnos olaf ei fywyd.

Rwy'n siwr eich bod chi'n hoffi cwmni. Roedd hyn yn wir am Iesu hefyd - fe aeth i chwilio am gwmni. Fe ddewisodd ddeuddeg o ddynion i fod yn ddisgyblion iddo i'w helpu. Pedwar pysgotwr ar lan Môr Galilea oedd y rhai cyntaf.

Pan ddechreuodd Iesu ar ei waith fe ddaeth yn boblogaidd iawn ymysg y bobl gyffredin. Roedden nhw'n ei weld yn rhoi croeso i bob math o bobl, ac yn dysgu ffordd arbennig o fyw. Wrth ddysgu, roedd yn sôn am fywyd bob dydd - bugail a defaid, arian ar goll, pobi bara, ŷd yn tyfu a gwahanol diroedd. Roedd yn ennill ffrindiau am ei fod yn helpu pobl, yn arbennig wrth wella cleifion.

Ond yn fuan iawn fe ddaeth pobl bwysig yn elynion iddo. Y Rhufeiniaid oedd yn rheoli gwlad Palesteina yn amser Iesu a'r prif ddyn yno oedd Pilat. Fe berswadiodd yr Iddewon Pilat i groeshoelio Iesu er mwyn cael gwared ohono. Cofiwch inni sôn am bobl greulon - croeshoelio oedd un o'r pethau mwyaf creulon. Ond chawson nhw ddim gwared ar Iesu oherwydd fe atgyfododd o'r bedd wedi tri diwrnod.

Ydych chi'n hoffi wyau Pasg? Oherwydd bod y cyw yn dod o'r ŵy mae'n arwydd o fywyd newydd. Bob blwyddyn mae Cristnogion yn dathlu Gŵyl yr ydym yn ei galw yn Ŵyl y Pasg. Dyma'r adeg sy'n cofio am farw ac atgyfodiad Iesu ac fel y daeth â bywyd newydd i'r byd.

Mae llawer o blant yn lliwio wyau adeg y Pasg, ac mae'r gwahanol liwiau yn gwneud y bwrdd bwyd yn lliwgar dros ben.

POBL YN MENTRO

Teitl y llyfr sy'n sôn am bobl yn mentro dros Iesu Grist yw Actau'r Apostolion. Fe ddaw ar ôl yr Efengylau yn y Testament Newydd. Yma y cawn ni hanes Pedr yn cael ei daflu i garchar am sôn am Iesu. Yma y cawn ni hanes y dyn cyntaf i farw dros Iesu Grist - Steffan. Fe laddodd y bobl Steffan drwy daflu cerrig ato. Roedd dyn o'r enw Saul yn gofalu am ddillad y rhai oedd yn taflu'r cerrig.

Mae hanes arall yn sôn am y gair 'Cristnogion'. Rwy'n siwr eich bod wedi clywed am lys enwau. *Nicknames* yn Saesneg. Dyna oedd y gair 'Cristnogion' i ddechrau. Fe gafodd ei ddefnyddio mewn dinas o'r enw Antiochia am rai oedd yn canlyn Crist. Beth am i chi ddysgu dau air Groeg? Yr un am Grist yw *Christos,* ac ohono y daeth y gair *Christianoi*, pobl Crist neu Gristnogion.

GŴR MEWN HELBULON

Yn Llyfr yr Actau mae hanes hefyd am ddyn arall hynod iawn. Ydych chi'n cofio dyn o'r enw Saul yn hanes lladd Steffan? Iddew oedd Saul ac am amser hir roedd yn meddwl ei fod yn gwneud tro da drwy ddal Cristnogion i'w taflu i garchar, a hyd yn oed eu lladd. Un diwrnod roedd ar ei ffordd i ddinas enwog Damascus pan ddigwyddodd rhywbeth dramatig a wnaeth iddo newid ei feddwl yn llwyr. Yr enw sydd yn cael ei roi ar ddigwyddiad fel hyn yw 'tröedigaeth.' Fe ddaeth Saul yn Gristion. Yn ddiweddarach fe gafodd ei alw yn Apostol Paul.

Paul oedd y cenhadwr mawr cyntaf dros Iesu Grist - fe deithiodd filoedd o filltiroedd i sôn am Iesu wrth bobl oedd heb glywed amdano. Wnewch chi feddwl am funud sut rydyn ni'n mynd o fan i fan heddiw? Fe fedrwn ni gerdded neu fynd ar feic. Mae gennym ni geir, bysiau, trenau ac awyrennau. Mor hawdd yw teithio ar draws y byd. Roedd Paul yn gorfod teithio ar droed neu ar gefn anifail. I fynd ar draws y môr, a gwnaeth hynny lawer gwaith, rhaid oedd dibynnu ar y gwynt. Nid oedd ond cychod a llongau hwylio. Fe fu mewn perygl am ei fywyd lawer gwaith. Fel y bu ef yn gwneud i'r Cristnogion ddioddef gynt, fe fu'n rhaid iddo yntau ddioddef am ei fod yn canlyn Iesu Grist. Y peth cyntaf a ddigwyddodd iddo oedd gorfod ffoi o Damascus trwy gael ei ollwng i lawr mur uchel mewn basged. Hefyd fe gafodd ei chwipio, yn wir ddioddefodd 39 llach gwialen bum gwaith, cafodd ei daflu i garchar, ac ar ei ffordd i Rufain fe fu mewn llongddryllliad.

Edrychwch ar fap i weld y mannau lle bu Paul yn gweithio dros Iesu - dinasoedd pwysig fel Corinth, Athen, Philipi a Rhufain. Fe fyddai wedi hoffi dod i Sbaen ond ni lwyddodd. Heb os, dyma arweinydd pwysicaf yr Eglwys.

PAPURFRWYN NID PROSESYDD GEIRIAU

A fyddwch chi'n ysgrifennu ambell lythyr at eich ffrindiau? Neu i ddiolch am ryw anrheg arbennig? Sut fyddwch chi'n mynd ati? Beiro a phapur? Neu efallai eich bod wedi dechrau defnyddio cyfrifiadur ac e-bost. Roedd pethau'n wahanol iawn pan oedd Paul yn ysgrifennu at yr eglwysi ac at ei gyfeillion. Mae'r un peth yn wir am y rhai a ysgrifennodd yr Efengylau. Yn eu hamser nhw roedd ysgrifennwyr yn defnyddio math o bapur yn cael ei wneud o frwyn, neu yn ysgrifennu ar groen anifeiliaid. Fe fyddai croen yn para'n hirach. O huddygl yr oedd inc yn cael ei wneud. Cofiwch fod llythyrau Paul yn dod ar ôl Llyfr yr Actau yn y Testament Newydd.

LLEDU WNA'R NEWYDDION DA

Dewch i ni fynd yn ôl at y ffilmiau y sonion ni amdanyn nhw ar y dechrau. Mae'r ffilmiau o hanesion y Beibl, yn arbennig hanesion y Testament Newydd, yn dangos mor greulon oedd pobl yn medru bod. Yr enw ar bennaeth y Rhufeiniaid oedd Ymerawdwr neu 'Cesar'. Efallai i chi glywed am Iwl Cesar. Fe fu nifer o Ymerawdwyr, ac un ohonyn nhw oedd Nero. Mae i'w weld mewn ffilmiau yn yfed gwin a bwyta'n ddiddiwedd, ond ar ben pob peth roedd yn colli ei dymer yn ddychrynllyd. Yn ei amser ef roedd Cristnogion yn cael eu taflu i ymladd ag anifeiliaid, a doedd dim yn well gan Nero a phobl fawr Rhufain na gweld y llewod yn llarpio'r Cristnogion yn yr arena.

Ar waethaf, neu o bosibl, oherwydd yr holl ddioddef, cynyddu a wnaeth nifer y Cristnogion.

SUPERMAN Y BYD RHUFEINIG

Nid yn hollol Superman fel rydych chi'n meddwl amdano! Yn y flwyddyn 312 fe ddaeth newid syfrdanol yn hanes y byd Rhufeinig. Ar ôl brwydr fawr y tu allan i Rufain fe ddaeth dyn o'r enw Cystennin yn Ymerawdwr; ac nid yn unig yn Ymerawdwr ond yn Gristion hefyd. Ac mae un peth yn bendant - fe gafodd byd y Cristnogion ei newid yn llwyr. Ydych chi wedi clywed am ddinas Istanbwl, yng ngwlad Twrci heddiw? Ar un adeg enw'r ddinas oedd Caer Gystennin er anrhydedd i Gystennin a symudodd yno o Rufain.

A DYMA DDOD I BRYDAIN

Nid oes neb yn siwr sut na phryd y daeth yr efengyl i Brydain Fawr ac i Gymru. Rydyn ni wedi sôn yn barod am y Rhufeiniaid. Roedd milwyr Rhufain wedi dod i Brydain cyn geni Iesu Grist, ac fe gawson nhw ddylanwad mawr ar y wlad. Fe fuon nhw yma am bron 400 o flynyddoedd. Tybed a oedd yna rai wedi dod i gredu yn Iesu Grist?

Pe byddai rhywbeth arbennig iawn wedi digwydd i chi, beth fyddech chi yn ei wneud? Pe byddech chi wedi cael beic neu gyfrifiadur newydd sbon danlli beth fyddai'n digwydd? Rwy'n siwr y byddech am ddweud wrth eich ffrindiau. Yna fe fydden nhw yn dweud wrth rai eraill, ac yn sydyn iawn fe fyddai pawb yn yr ardal yn gwybod. Dyna oedd yn digwydd gyda hanes Iesu Grist ar y dechrau. Fe fyddai pobl fel masnachwyr, neu rai oedd wedi gorfod ffoi o rywle, yn symud o le i le ac yn adrodd stori Iesu. Fel hyn, efallai, y daeth rhai Cristnogion i Brydain a dechrau cyhoeddi neges Iesu Grist yma.

Fedrwch chi dynnu llun pysgodyn syml? Fe ddaeth y pysgodyn i fod yn symbol pwysig i Gristnogion. Y gair Groeg am bysgodyn yw *ichthus* - 'I' am Iesu; 'Ch' am Grist; 'Th' am Dduw; 'U' am Mab; a 'S' am Gwaredwr. 'Iesu Grist, Mab Duw, Gwaredwr.' Pan fyddai dau ddieithr yn cwrdd â'i gilydd, fe fyddai'r Cristion yn tynnu llun pysgodyn yn y llwch ar lawr. Os oedd y llall yn Gristion, fe fyddai yn adnabod yr arwydd, oedd yn fath o gôd cyfrinachol ac fe fyddai'r ddau yn llawen iawn.

Mae symbol arall yn cael ei alw yn Chi-Rho. Dyma ddwy lythyren gyntaf enw Crist mewn Groeg. C ac R wrth gwrs. Fe fyddai'r Groegwyr yn ysgrifennu Chi ar ffurf croes, fel hyn X. Yna y ffordd o ysgrifennu R oedd fel ein P ni. Fe fyddai'r Cristnogion cynnar yn ysgrifennu y P ar draws yr X felly yn cael y symbol Chi-Rho. Fe gafwyd hyd i'r symbol hwn ar fur tŷ yn Ne Lloegr a'i ddyddiad tua 350. Mae'n siwr felly bod Cristnogion ym Mhrydain yn amser y Rhufeiniaid.

ALBAN Y MERTHYR

Enw ar filwr oedd ym Mhrydain rywbryd rhwng y blynyddoedd 200 a 254 oedd Alban. Roedd yn byw mewn tref o'r enw Verulamium, sef St. Albans, yn Ne Lloegr heddiw. Un diwrnod fe guddiodd Alban offeiriad oedd yn cael ei erlid ac fe ddaeth yn Gristion wrth weld yr offeiriad hwnnw yn gweddïo. Pan gyrhaeddodd y milwyr i chwilio am yr offeiriad, roedd Alban wedi gwisgo ei ddillad nes gwneud i'r milwyr gredu mai ef oedd yr offeiriad yr oedden nhw'n chwilio amdano. Fe wylltiodd y barnwr am fod y milwyr wedi dal y dyn anghywir, ac yn y diwedd fe gafodd Alban ei ladd - y merthyr cyntaf dros Iesu Grist ym Mhrydain.

CYMRU A'R NEWYDDION DA

Rhaid i chi ddysgu dau derm newydd yn awr - Oes y Saint a'r Eglwys Geltaidd. Rhaid cofio bod y Rhufeiniaid wedi gadael Prydain erbyn tua 410. Fe ddaeth gelynion newydd ar draws Lloegr, ac fe fu yn rhaid i Gristnogion ffoi i leoedd fel Cernyw a Chymru. Eingl-Sacsoniaid o Sgandinafia a'r Almaen oedd y gelynion newydd a doedden nhw ddim yn Gristnogion. Dyma gyfnod dechrau o ddifri yr Eglwys Geltaidd ac Oes y Saint. Dyma'r adeg pan ddaeth y gair 'llan' a 'llannau' yn bwysig. Ar y dechrau, lle wedi ei gau i mewn ar gyfer claddu'r meirw oedd y 'llan', ond o dipyn i beth fe gafodd eglwysi eu codi yno hefyd. Cafodd y 'llannau' eu henwi ar ôl y saint, a dyna pam mae cymaint o enwau lleoedd yng Nghymru yn dechrau â 'Llan'.

Dyma gyfnod dechrau'r mynachlogydd. Lle arbennig oedd mynachlog yr oedd dynion yn mynd iddo er mwyn cael tawelwch a llonydd i addoli, gweddïo a darllen y Beibl. Roedd y dynion hyn yn cael eu galw'n fynachod. Nhw oedd yn cadw Cristnogaeth yn fyw ac yn helpu'r bobl dlawd. Roedd llawer o bobl Cymru'n dlawd iawn y pryd hyn. Roedd y mynachod yn gweithio'n galed iawn ar y tir hefyd i dyfu bwyd iddyn nhw'u hunain a'r tlodion.

Un o'r mynachlogydd mwyaf pwysig oedd yr un yn Llanilltud Fawr, ym Mro Morgannwg. Yma yr oedd Illtud Sant yn gweithio. Fe ddaeth ef yn athro amlwg iawn, ac heblaw hynny mae'n debyg iddo ddyfeisio math o aradr i aredig - y gyntaf erioed. Roedd ganddo ddiddordeb mawr mewn trin tir. Tybed beth a ddywedai Illtud am y newid sydd mewn dulliau ffermio erbyn hyn?

CYFNOD O RYFELA

Ar ôl y Sacsoniaid fe ddaeth gelyn newydd i'r wlad. Tybed a glywsoch chi'r gair Saesneg *Vikings?* Ystyr *Viking* yw *crwydrwr.* Y gair Cymraeg amdanyn nhw yw *Llychlynwyr.* Pe byddech chi'n digwydd mynd i Gaer Efrog (York), fe ddylech fynd i'r amgueddfa wych sydd yno yn dangos hanes y bobl hyn. Yn 787 y dechreuodd y rhain ddod i ddwyrain Lloegr. Fe ddaethon nhw i Gymru yn eu tro ac mae prawf o hynny mewn rhai enwau lleoedd. Meddyliwch chi am Ynys Skokholm, oddi ar arfordir Sir Benfro. Gair y Llychlynwyr am *ynys* yw *holm.* Cofiwch mai enwau duwiau y Llychlynwyr sydd ar ddyddiau'r wythnos yn Saesneg - Tiw, Woden, Thor a Frigg.

Y peth pwysig i ni yw nad oedd y bobl hyn yn Gristnogion. Chwilio roedden nhw am unrhyw beth fyddai yn eu gwneud yn fwy cyfoethog. Y lleoedd yr oedden nhw'n ymosod fwyaf arnyn nhw oedd y mynachlogydd am fod yno drysorau. Fodd bynnag, mae angen sylwi i nifer o'r bobl greulon hyn dderbyn Cristnogaeth yn y man.

ALFRED FAWR

Rhaid rhoi sylw byr i'r brenin hwn er mai brenin ar ran o Loegr ydoedd. Ganwyd ef yn 849, ac yn bedair oed aeth i weld y Pab i Rufain. Daeth yn frenin yn 871, a llwyddodd i drechu y Llychlynwyr yn 878, er nad yn llwyr.

Nid oedd yn medru darllen nes ei fod mewn tipyn o oed,

a phan welodd werth hynny aeth ati i ddysgu ei bobl. Sylwch fel y mae pobl yn gweld gwerth mewn addysg. Cofiwch wneud eich gorau yn yr ysgol! Fe alwodd Alfred ddynion clyfar at ei gilydd i gyfieithu llyfrau Cristnogol i iaith y bobl. Aeth ati i ailadeiladu eglwysi a chodi rhai newydd. Fe wnaeth nifer o reolau gan ddilyn Y Deg Gorchymyn a'r hyn roedd Iesu wedi ei ddysgu. Un wnaeth ei helpu oedd Aser o Dyddewi. Mae'n siwr felly bod dylanwad Alfred ar Gymru. Ef oedd yr unig frenin yn Lloegr i gael y teitl 'Mawr'.

Y CONCWERWR

Tybed a glywsoch chi am y flwyddyn 1066? Un o flynyddoedd pwysicaf hanes Lloegr a Chymru. Daeth Dug Normandi, (Gogledd-ddwyrain Ffrainc), a glanio yn Ne Lloegr. Fe fu brwydr fawr yn Hastings yn Ne Lloegr a'r Dug a enillodd. Y Dug hwn oedd William y Concwerwr. Fu pethau byth yr un fath wedi hynny.

Yn amser y Normaniaid fe ddechreuon nhw godi trefi fel y gwyddon ni amdanyn nhw. Ond un o'r pethau sydd o ddiddordeb mawr i ni yw bod y Normaniaid yn enwog am ddefnyddio cerrig i adeiladu. Cyn hyn coed a phridd a gwellt oedd y defnyddiau. Dyma amser codi rhai o'r cestyll sydd i'w gweld ar hyd a lled Cymru. Ond yn bwysicach na dim, er bod y Normaniaid yn rhyfela, roedden nhw hefyd yn Gristnogion. Dyma adeg codi'r eglwysi Cadeiriol mawr. Roedden nhw wedi dod â chrefftwyr o Ffrainc, a hyd yn oed cerrig o Ffrainc, i adeiladu yn Lloegr. Roedden nhw'n credu bod eglwysi mawr hardd yn helpu pobl i addoli.

MYNACHLOGYDD ETO

Mae hanes mynachlogydd ac eglwysi amser y Normaniaid yn bwysig ofnadwy. Efallai y cewch chi gyfle i fynd i Ewenni, ym Mro Morgannwg, ryw dro i weld yr enghraifft orau o ffordd y Normaniaid o godi eglwys - dyma'r orau yng Nghymru. Beth am fynd am dro i Dyddewi i weld yr Eglwys Gadeiriol yno. Mae corff yr eglwys hon yn dilyn patrwm y

Normaniaid o adeiladu. Yn 1181 y dechreuodd y gwaith o godi hon.

Fedrwn ni ddim pwysleisio digon pa mor bwysig oedd y mynachlogydd yn y cyfnod o tua'r flwyddyn 1000 hyd tua'r flwyddyn 1300. Ar wahân i addoli, roedd y mynachod yn gwneud gwaith sy'n cael ei wneud heddiw mewn ysgolion, colegau ac ysbytai, heb sôn am ofalu am y tlawd ac am y tir. Roedden nhw hefyd yn ysgrifennu a chopïo llyfrau. Fe fyddai'n beth braf pe baech chi'n gweld model o fynachlog.

Ar y dechrau dilyn rheolau mynach o'r enw Sant Benedict yr oedd y mynachlogydd. Ond daeth arferion eraill gyda Sant Dominic. Yr enw ar ei ddilynwyr ef oedd y Brodyr Duon am eu bod yn gwisgo dillad duon. Yna daeth y Brodyr Llwydion oedd yn dilyn Sant Ffransis yn eu gwisgoedd llwyd. Sant Ffransis oedd yn hoff o fyd natur ac anifeiliaid.

O'r flwyddyn 1402 ymlaen fe ddinistriodd Owain Glyndŵr lawer o'r mynachlogydd. Er iddyn nhw godi ar ôl hyn, doedden nhw ddim yr un fath â chynt.

METHU CYTUNO

Rwy'n siwr eich bod chi'n anghytuno weithiau, - brodyr a chwiorydd yn ffraeo. Methu cytuno â'ch ffrindiau wrth chwarae, efallai. Yn anffodus mae'r un peth yn digwydd gyda phobl hŷn, hyd yn oed pan yw'r bobl hynny yn Gristnogion.

Ar y dechrau dim ond un eglwys oedd yn bod. Fe ddaeth Rhufain yn ganolfan bwysig i'r eglwys honno. Rydyn ni wedi cyfeirio at fynachod a mynachlogydd. Yn yr eglwysi roedd arweinwyr eraill yn cael eu galw yn 'esgobion'. Ond o dipyn i beth yn Rhufain fe ddaeth un o'r Esgobion hyn i gael y teitl 'Pab'. Fe wyddoch chi fod Pab yn Rhufain o hyd.

Un Eglwys ac un Pab yn ben arni. Ond yn 1054 fe newidiodd pethau. Meddyliwch eto am y ddwy ddinas, Rhufain a Chaer Gystennin. Meddyliwch am Rufain yn y Gorllewin a Chaer Gystennin yn y Dwyrain. Fe aeth hi'n gystadleuaeth rhyngddyn nhw.

Un broblem oedd, gan bwy roedd yr awdurdod mwyaf?

Hen broblem y mae hyd yn oed plant yn gwybod amdani. Pwy sydd gryfaf? Pwy yw'r bos? Pwy sydd fwyaf pwysig?

Fe gododd Eglwys o Gaer Gystennin sy'n cael ei galw yn Eglwys y Dwyrain neu Yr Eglwys Uniongred. Yng ngwledydd Groeg a Rwsia y mae'r Eglwys hon gryfaf. Yr enw ar arweinydd yr Eglwys Uniongred yw Patriarch. Enw'r Eglwys yn Rhufain a'r Pab yn bennaeth arni yw'r Eglwys Babyddol.

PROTESTIO MAWR

Yn ystod y blynyddoedd 1350-1450 fe ddechreuodd pobl boeni a oedd y Pab ac Eglwys Rufain yn dilyn Iesu Grist fel y dylen nhw. Un o'r bobl hyn oedd John Wycliffe yn Lloegr. Roedd ef yn poeni bod arweinwyr yr Eglwys yn mynd yn rhy gyfoethog, a chymaint o bobl yn dlawd iawn. Peth arall oedd yn ei boeni oedd na fedrai'r bobl gyffredin ddarllen y Beibl. Syniad yr offeiriaid oedd mai nhw yn unig a ddylai fedru darllen ac esbonio'r Beibl.

Fe aeth Wycliffe ati, gydag eraill oedd yn ei helpu, i gyfieithu'r Beibl, - i Saesneg, wrth gwrs. Fe fyddai'r bobl yn medru deall drostyn nhw eu hunain sut roedd Iesu am iddyn nhw fyw. Ymhen blynyddoedd wedyn y cafodd y Beibl ei gyfieithu i Gymraeg.

Y PROTESTIWR

I weld dechrau'r protestio mawr yn iawn mae'n rhaid mynd i'r Cyfandir, ac i'r Almaen. Yno roedd gŵr o'r enw Martin Luther. Roedd yn gwbl anfodlon nid yn unig bod yr Eglwys Babyddol yn gyfoethog, ond oherwydd y ffordd yr oedd yr arian yn cael ei gasglu.

Roedd Luther, fel Wycliffe, yn dweud mor bwysig oedd y Beibl. Roedd ef hefyd am gael y Beibl yn iaith y bobl, ac fe gafodd yntau y Beibl wedi ei gyfieithu, yn ogystal â Llyfr Gweddi a llyfr emynau, i iaith yr Almaen.

Ydych chi'n wedi gweld posteri wedi cael eu gludio yma ac acw i dynnu sylw at ddigwyddiadau arbennig? Fe wnaeth Luther rhywbeth tebyg. Yn y flwyddyn 1519 fe ysgrifennodd restr o 95 o bwyntiau yn dweud sut roedd yr Eglwys yn methu, a'u hoelio ar ddrws ei eglwys. Fu pethau byth yr un fath yn hanes Eglwys Iesu Grist ar ôl hynny.

Dyma ddechrau beth a alwn ni yn Ddiwygiad Protestannaidd. Sylwch ar y gair 'protest'. Am 'brotestio' yn erbyn beiau yr Eglwys yr oedd Luther, ond y canlyniad trist oedd iddo gael ei droi allan o'r Eglwys yn gyfan gwbl. Mae'r enw Protestaniaid yn cyfeirio at Gristnogion sydd heb fod yn perthyn i'r Eglwys Babyddol.

Roedd Luther wedi bod yn fynach. Yn awr fe newidiodd. Hyd heddiw nid yw offeiriaid yr Eglwys Babyddol yn priodi. Fe newidiodd Luther hyn - fe briododd ef ei hunan. Fe ddechreuodd Eglwys newydd - yr Eglwys Lutheraidd. Mae hon yn gryf yn yr Almaen a rhannau eraill o'r byd o hyd.

Y PROTESTIO YNG NGHYMRU A LLOEGR

Fan hyn rhaid cyfeirio at un brenin yn arbennig sef y Brenin Harri VIII (1491-1547). Fe briododd Harri chwech o weithiau. Nid oedd y Pab yn Rhufain yn fodlon o gwbl. Fe benderfynodd Harri na ddylai'r Pab fod yn ben ar yr Eglwys yn Lloegr. Y brenin ddylai fod yn ben arni. Felly erbyn y flwyddyn 1534, roedd yr Eglwys yn Lloegr wedi gwahanu oddi wrth yr Eglwys Babyddol.

Yn ystod amser Harri VIII fe gafodd y mynachlogydd eu cau. Un rheswm oedd bod angen yr arian ar y brenin. Yr oedd nifer o'r mynachlogydd wedi dod yn gyfoethog iawn.

Ar ôl Harri VIII fe ddaeth y Frenhines Mari. Roedd hi am i Loegr a Chymru fod yn Babyddol eto, ond wedyn ar ei hôl hi fe ddaeth Elisabeth I a dyna'r wlad yn troi i fod yn Brotestannaidd eto. Dyma pryd y daeth yr Eglwys sy'n cael ei galw yn Eglwys Loegr i fod.

Ydych chi'n hoff o noson Guto Ffowc? Am gyfnod yn amser y Brenin Iago I, ar ôl Elisabeth I, roedd llawer o'r bobl am ddal i fod yn Babyddion ac fe ddechreuodd rhai ohonyn nhw brotestio yn erbyn y Llywodraeth oherwydd y ffordd yr oedden nhw'n cael eu trin. Fe aeth nifer ohonyn nhw, yn cynnwys Guy Fawkes, i gynllunio i chwythu'r Senedd i fyny. Ond fe gawson nhw eu dal cyn llwyddo. Rydyn ni'n cofio am hyn ar noson Guto Ffowc neu Noson Tân Gwyllt.

Roedd yr Eglwys yn Lloegr ac yng Nghymru yn dal i fod yn un o dan eu harweinydd Archesgob Caergaint hyd Fehefin 1af 1920 pan gafodd Esgob Llanelwy ei wneud yn Archesgob cyntaf Cymru a daeth yr Eglwys yng Nghymru i fod.

RHAGOR AM GYMRU ETO

Mae adeiladau yr Eglwys yng Nghymru, rhai ohonyn nhw'n fawr iawn, i'w gweld ymhob tref a phentref. Ydych chi wedi clywed cloch eglwys yn canu ar y Sul i gyhoeddi bod gwasanaeth ar fin dechrau? Os ewch chi i rai o'r eglwysi hyn fe welwch chi fod ynddyn nhw ffenestri lliw hardd. Os ewch chi yno i wasanaeth ar y Sul fe sylwch chi fod yr offeiriad yn gwisgo gwisg arbennig - gwisg liwgar yn aml. Mae lliw y wisg yn cael newid ar gyfer gwahanol adegau o'r flwyddyn yng nghalendr yr Eglwys.

Ar wahân i'r eglwysi mae'n siwr eich bod wedi sylwi ar nifer fawr o gapeli hefyd. Mae'r llawer o'r rhain yn llai na'r eglwysi er bod rhai ohonyn nhw'n enfawr. Y peth pwysig mewn capel yw'r pulpud gweddol uchel sydd ar ganol tu blaen yr adeilad. Y rheswm am hyn yw bod pwyslais y gwasanaeth yn y capel ar bregethu'r efengyl.

Mae'n rhaid cofio nad yw trefn y capeli i gyd yr un fath. Mae'r rhan fwyaf o'r capeli, a'r Eglwys yng Nghymru hefyd, yn bedyddio babanod ond nid yw'r Bedyddwyr yn gwneud hyn. Maen nhw'n aros nes i berson fod yn barod i ddweud drosto'i hun ei fod yn credu yn Iesu Grist cyn ei fedyddio. Pobl ifanc neu rai hŷn felly sy'n cael eu bedyddio ganddyn nhw. Dyna pam maen nhw'n cael eu galw yn Fedyddwyr.

Mae capeli eraill yn perthyn i'r Annibynwyr.

Y GŴR O DREFECA

Rydyn ni wedi bod yn sôn yn barod am dröedigaeth Saul. Fe newidiodd profiad Saul ei fywyd yn llwyr. Yn 1735 fe ddigwyddodd peth tebyg i ddyn o'r enw Howell Harris yn Nhrefeca, (sydd ym Mhowys, heddiw); ac fe newidiodd ei brofiad Gymru drwyddi draw. Mae'r capeli sy'n perthyn i Eglwys Bresbyteraidd Cymru, neu Eglwys y Methodistiaid Calfinaidd fel roedd hi'n cael ei galw ar un adeg, wedi codi o'r digwyddiad hwn. Y rheswm am y gair 'Calfinaidd' yw bod aelodau'r capeli hyn, ar y dechrau, yn dilyn yr hyn a ddysgai John Calfin, gŵr o'r un cyfnod â Martin Luther.

Ar wahân i Howell Harris roedd arweinwyr pwysig eraill yn hanes cynnar y Methodistiaid Calfinaidd, pobl fel Daniel Rowland, Llangeitho, oedd yn bregethwr mawr a William Williams, Pantycelyn, a ddaeth yn emynydd mawr Cymru. Os edrychwch chi mewn unrhyw lyfr emynau fe welwch chi lawer o emynau o'i waith ef. Un arall a gyfansoddodd emynau oedd Ann Griffiths o Ddolwar Fach.

Mae capeli yn perthyn i'r Eglwys Fethodistaidd fel mae hi'n cael ei galw heddiw, hefyd. Yr enw cyntaf ar y rhain oedd y Methodistiaid Wesleaidd am mai gŵr o'r enw John Wesley a'u cychwynnodd, a hynny yn Lloegr i ddechrau. Fe ddaeth yr enw Methodistiaid o'r Saesneg 'method' am eu bod yn bobl oedd yn byw yn drefnus iawn.

GWEITHWYR ERAILL

Mae eisiau cofio hefyd fod llawer iawn o bobl eraill y medren ni fod wedi adrodd eu hanes. Er enghraifft, hanes gŵr o'r enw y Ficer Prichard (1579-1644). Fe aeth ef ati i wneud penillion y bydden ni'n eu galw yn ganu pop yr oes. Penillion i ddysgu am Iesu a sut i fyw oedd y rhain. Dyna i chi Griffith Jones, Llanddowror, wedyn (1683-1761). Fe ddechreuodd ef ysgolion i ddysgu plant a phobl i ddarllen er mwyn iddyn nhw fedru darllen y Beibl. Mae hi'n anodd iawn i chi gredu nad oedd llawer o bobl yn medru darllen nac ysgrifennu pan ddechreuodd Griffith Jones ar ei ysgolion yn 1731.

Wedyn dyna i chi Thomas Charles o'r Bala yn dechrau yr Ysgol Sul yn 1795. A stori Mari Jones yn cerdded milltiroedd at Thomas Charles i'r Bala i brynu Beibl.

AC I GLOI...

Gobeithio eich bod wedi cael ychydig bach o help i ddeall pam mae Cristnogion yn dathlu'r mileniwm. Cofiwch ein bod yn byw mewn byd gwahanol iawn i unrhyw un o'r adegau rydyn ni wedi bod yn sôn amdanyn nhw yma.

Fyddwch chi'n mynd i gapel neu eglwys? I Ysgol Sul, efallai? *The Greatest Story Ever Told* meddai'r ffilm am hanes Iesu Grist. Perffaith wir. Stori Iesu Grist yw'r fwyaf a'r bwysicaf a glywodd y byd erioed ac a glyw byth.

H.Gareth Alban

DEWI SANT

Tybed a oes gyda chi arwyr? Mae'n ddigon posib bod gennych chi ddiddordeb mewn chwaraeon a'ch bod yn meddwl am o rai o'r chwaraewyr fel arwyr. Weithiau rydyn ni'n siarad am sêr y teledu neu sêr y ffilmiau fel arwyr. Mae'r rhain yn bobl sy'n gyfarwydd iawn, nid yn unig i blant, ond i bobl o bob oed.

Ond mae yna bobl wahanol iawn sy'n cael lle amlwg ym mywyd pob gwlad. Mae'n siwr i chi glywed am y Fam Teresa - fe wnaeth hi waith mawr gyda'r tlodion yn Yr India.

Mae gyda ni yng Nghymru bobl rydyn ni'n meddwl yn fawr ohonyn nhw. Rydych chi'n siwr o fod yn gwybod bod y diwrnod cyntaf o Fawrth yn cael ei alw yn Ddydd Gŵyl Ddewi. Fe fydd llawer iawn o ddathlu ar y diwrnod hwn, nid yn unig yng Nghymru ond mewn lleoedd ar draws y byd lle y mae Cymry yn byw. Ers talwm roedd plant yn arfer cael gwyliau o'r ysgol ar y pnawn hwn - braf ynte?

Rydyn ni'n galw Dewi yn Dewi Sant ond o sôn am hanes Dewi mae gennym ni broblem. Pe byddech chi am gael gwybodaeth am rai o sêr y byd pop fel Catatonia neu'r Super Furry Animals fe fyddai'n ddigon hawdd cael llawer iawn o'u hanes a hwnnw'n hanes cwbl gywir. Ond mae pethau'n wahanol iawn pan ydyn ni eisiau gwybod hanes Dewi. Yn ei amser ef doedd dim llyfrau wedi eu hargraffu na ffilmiau na theledu na chyfrifiaduron fel sydd gennym ni heddiw. Adrodd hanesion wrth ei gilydd yr oedd pobl yn aml ac o ganlyniad fe aeth llawer o bethau ar goll. Dydyn ni ddim yn gwybod yn iawn pryd y cafodd Dewi ei eni na phryd y bu farw. Ar y llaw arall mae llawer iawn, iawn o hanesion a storïau diddorol dros ben amdano ond does neb yn siwr beth sydd yn wir a beth sy'n chwedlau.

OES Y SAINT

Dewch i mi sôn i ddechrau am y cyfnod roedd Dewi yn byw ynddo. Y flwyddyn eleni yw 1999. Ewch yn ôl 1499 o flynyddoedd a dyna chi yn y flwyddyn 500; ond mae angen gofal gyda dyddiadau wrth fynd yn bell yn ôl. Fedrwn ni ddim siarad am rywbeth a ddigwyddodd yn y flwyddyn 500 yr un fath ag y gallwn ni ddweud bod Manchester United wedi ennill tri chwpan yn 1999.

Beth bynnag, mae'r cyfnod o tua'r flwyddyn 400 i'r flwyddyn 700 wedi cael ei alw yn Oes y Saint. Efallai mai'r cyfnod mwyaf pwysig yn ystod yr amser hwn oedd o tua 500 i 570. I ni heddiw mae'r gair 'sant' yn golygu rhywun gwirioneddol dda - rhywun arbennig iawn - ond yn y Testament Newydd mae unrhyw un sy'n credu yn Iesu Grist yn sant. Roedd nifer o'r seintiau hyn yng Nghymru, dynion fel Padarn, Teilo, Deiniol, Illtud, ac wrth gwrs Dewi. Mae'n nhw'n cael eu cofio mewn enwau lleoedd. Ydych chi'n gwybod lle mae Llanbadarn, Llandeilo, Llanddeiniol, Llanilltud a Llanddewi? Chwiliwch am fwy o hanes y llannau.

Mae eisiau pwysleisio mai dynion yn gweithio i Iesu Grist oedd y seintiau. Mae rhai yn meddwl mai yn ystod y cyfnod hwn y cafodd y gwaith mwyaf ei wneud dros Iesu Grist yng Nghymru ac na fu adeg debyg byth wedyn. Awn yn ôl at Dewi Sant ei hun. Mae sôn amdano mewn gweithiau o Loegr, Iwerddon ac wrth gwrs Cymru, yn wir mae rhai yn credu ei fod yn fwy cyfarwydd yn Iwerddon nag yng Nghymru ar y dechrau a bod yr hanes cyntaf amdano yn dod o Iwerddon.

HANES BYWYD DEWI neu 'BUCHEDD DEWI'

Enw pwysig i ni 'nawr yw Rhigyfarch neu Rhygyfarch. Mab oedd ef i Sulien, Archesgob Tŷ Ddewi, ac ef, tua phum can mlynedd ar ôl amser Dewi, oedd y cyntaf i ysgrifennu hanes bywyd Dewi. Yn yr iaith Ladin yr oedd Rhigyfarch yn ysgrifennu ond yn ddiweddarach fe gafodd ei waith ei gyfieithu i'r Gymraeg a'i alw yn 'Buchedd Dewi'. Ond nid Cymraeg fel y gwyddon ni amdani! Yr enw arni yw Cymraeg Canol. Dyma i chi enghraifft o'r Gymraeg honno o 'Buchedd Dewi', brawddeg sy'n sôn am dad a mam Dewi yn cyfarfod:

'Ac ym penn y deg mlyned ar hugein wedy hynny, val yr oed y brenhin a elwit Sant yn cerdet ehun, nacha lleian yn

kyfuaruot ac ef.'
Fedrwch chi wneud synnwyr o'r frawddeg? Rwy'n siwr y gallwch chi. Lleian yw merch sydd wedi rhoi ei bywyd i weithio dros Iesu Grist. Mae'n debyg mai enw'r lleian oedd Non. Mae un traddodiad yn dweud ei bod hi'n nith i'r brenin Arthur. Mab i Ceredig, brenin Ceredigion, oedd Sant, tad Dewi. Mae eisiau sylwi mai enw cyffredin fel Ifan neu Huw yw Sant fan hyn ac nid Sant fel yr esbonion ni yn gynt. Mae rhai yn dweud mai Sandde, Tywysog Powys oedd tad Dewi.

Mae'r hanes erbyn hyn yn niwlog a chymysglyd. Ond cofiwch, mae yna lond gwlad o hanesion ar gael, nid yn unig gan Rigyfarch ond gan eraill hefyd.

DEWI YN CAEL ADDYSG

Mae'n debyg i Ddewi gael addysg mewn lle o'r enw Vetus Rubus, 'yng Kymraec yw yr Henllwynn', meddai Rhigyfarch. Ond ble mae Henllwyn? Does neb yn siwr ond, fel un o Sir Geredigion fy hun, 'rwy'n hoffi meddwl mai cyfeiriad sydd yma at Hen Fynyw, i'r de o Aberaeron. Ond mae rhai yn credu mai lle heb fod ymhell o Dŷ Ddewi ydyw. Un athro a gafodd Dewi oedd dyn o'r enw Paulinus, ond eto does neb yn siwr lle'r oedd ysgol Paulinus. Mae stori'n sôn am Paulinus yn mynd yn ddall; ni fedrodd yr un o'i ddisgyblion ei helpu, felly dyma Paulinus yn troi at Ddewi. Ateb Dewi oedd nad oedd ef wedi edrych yn llygaid ei athro yn ystod y deng mlynedd y bu gydag ef. Roedd Paulinus yn synnu at hyn ac fe ofynnodd i Ddewi roi ei ddwylo ar ei wyneb a'i fendithio. Fe wnaeth hynny ac fe gafodd Paulinus ei olwg yn ôl.

LLANDDEWI BREFI

Mae yna gysylltiad arbennig arall â Sir Geredigion sef Llanddewi Brefi. Sylwch ar yr enw i ddechrau - Llanddewi, wrth gwrs. Pam 'brefi'? Mae'n debyg mai enw afon fechan gerllaw yw Brefi.

Yr hanes mwyaf cyfarwydd o bosib am gysylltiad Dewi â Llanddewi Brefi yw yr hanes amdano yn mynd i gwrdd arbennig yno ac yn dechrau siarad ar dir gwastad ond fel yr oedd yn siarad fe ddechreuodd y tir godi o dan ei draed nes bod y dyrfa yn ei weld ar lecyn uchel. Doedd y dyrfa ddim yn medru clywed yr un oedd yn siarad o'i flaen ond roedden nhw'n clywed Dewi yn glir.

Mae llawer o hanesion am Ddewi yn cyflawni gwyrthiau. Cafodd ei alw yn 'Dewi Ddyfrwr' am mai bara a dŵr oedd ei gynhaliaeth. Ond mae mwy nag un hanes amdano yn troi dŵr yn win. Mae hanes hefyd amdano yn atgyfodi llanc o farw.

GLYN RHOSYN

Yng nghongl dde-orllewin Sir Benfro mae dinas fechan Tyddewi. Yno heddiw mae Eglwys Gadeiriol hardd. Yma y sefydlodd Dewi fynachlog. Yn amser Dewi enw'r lle oedd Glyn Rhosyn. Cyn sefydlu'r fynachlog, yn ôl yr hanes, fe fu'n rhaid i Ddewi ymladd yn erbyn pennaeth o'r Iwerddon o'r enw Boia. Roedd bywyd yn y fynachlog yn galed iawn, iawn. Fel y soniwyd gynt y traddodiad yw bod Dewi yn byw ar fara a dŵr. Roedd y mynachod yn gorfod codi'n fore i weddïo ac i addoli, ac yna gweithio'n galed ar y tir am oriau maith. Roedden nhw'n enwog am gadw gwenyn, yn ogystal â chynhyrchu bwyd nid yn unig ar eu cyfer eu hunain ond ar gyfer y teithwyr oedd yn galw yno. Roedden nhw'n gofalu hefyd am y tlodion.

Roedd Dewi yn teithio i bregethu am Iesu yn y wlad, yn arbennig yn ne-orllewin Cymru. Fe aeth hefyd ar bererindod i Jerwsalem gyda Teilo a Padarn ac, yn ôl traddodiad, fe gafodd ei wneud yn Archesgob yno.

Yn ôl traddodiad eto fe fu fyw dros gant oed. Mae'r geiriau a ddywedodd wrth farw gyda'r rhai mwyaf cyfarwydd yn yr iaith Gymraeg:

'Arglwyddi, frodyr a chwiorydd, byddwch lawen, a chedwch eich ffydd a'ch cred, a gwnewch y pethau bychain a glywsoch ac a welsoch gennyf i."

Yn ôl y Fuchedd fe fu Dewi farw ar Fawrth y 1af: *'y dydd*

cyntaf o Galan Mawrth, y cymerth Iesu Grist enaid Dewi Sant gyda mawr fuddugoliaeth a llawenydd ac anrhydedd.'
   Does ryfedd i Ddewi ddod yn nawdd sant Cymru, a bod y cyntaf o Fawrth o hyd yn Ddydd Gŵyl Ddewi.

H. Gareth Alban

Mae'r hanesion am Dewi, ein nawddsant, yn gyfarwydd iawn i ni. Ond wyddoch chi fod yna hanesion difyr am seintiau eraill hefyd. Ar y tudalennau nesaf fe gewch storïau am Beuno, Cyndeyrn, Teilo, Cadog a Brynach. Mwynhewch y storïau!

LLYGODEN FACH DDARBODUS

Pan fyddwch chi'n dod adref o'r ysgol ar lwgu, beth fyddwch chi'n ei wneud? Rhedeg i'r gegin ac ymosod ar y creision, y bisgedi a'r diodydd, dwi'n siŵr. Ac os nad oes bwyd yn y gegin, fyddwch chi fawr o dro a mynd i siop y gornel neu'r archfarchnad a chael digonedd.

Ond, nid felly oedd hi yn yr hen ddyddiau. Meddyliwch am funud sut yr oedd hi yng nghyfnod y seintiau yn y chweched ganrif. Dim archfarchnad na siop na chegin hyd yn oed yn aml iawn. Yn y cyfnod hwn, roedd newyn yn gyffredin, yn union fel y mae yng ngwledydd y trydydd byd heddiw. Roedd y bobl yn dlawd a'r arian yn brin. Doedd hi ddim yn hawdd i dyfu bwydydd. Roedd y tywydd yn gallu bod yn ddrwg, a'r amser hwnnw, doedd yna ddim peiriannau i drin y tir. Felly roedd rhaid bod yn ddarbodus iawn.

Pan oedd Cadog yn ddisgybl i Bachan, ei athro, roedd hi'n gyfnod anodd iawn ar bawb. Roedd newyn enbyd yn y wlad, a phawb yn dioddef, o blant bach i oedolion. Yn wir, roedd llawer yn marw o eisiau bwyd.

Un diwrnod, ar ôl i Cadog gael gwersi Lladin gan ei athro, aeth yn ôl i'w ystafell yn y fynachlog. Yn sydyn clywodd sŵn crafu. Edrychodd o'i gwmpas ac fe welodd lygoden fach yn cario tywysen o wenith yn ei cheg. Clymodd Cadog ddarn o linyn tenau am goes y llygoden gan adael iddi redeg o gwmpas. Bu'n chwarae efo'r llygoden am ddyddiau. Un munud roedd hi'n rhedeg o gwmpas ei draed a'r munud nesaf roedd hi'n neidio ar ei wely. Yn ystod oriau'r nos, pan fyddai Cadog yn cysgu, fe fyddai'r llygoden fach yn mynd i gysgu yn y twll yn wal ei ystafell. Ond drwy'r amser, roedd y llinyn tenau hir am ei choes. Yn ystod y dydd pan fyddai Cadog yn cael gwersi, byddai'r llygoden fach yn crwydro allan i'r caeau o gwmpas y fynachlog. Yn aml iawn byddai Cadog yn ei gweld yn dod â thywysen o wenith yn ôl i'w ystafell, ac yn diflannu i'r twll yn y wal.

Un diwrnod penderfynodd Cadog ei fod am fynd i weld ble'n union oedd y llygoden fach yn byw. Efallai bod ganddi deulu o lygod bach bach. Mae'n siŵr ei bod yn cario'r tywysennau gwenith i'w theulu bach yn y wal, meddyliodd Cadog. Bu Cadog wrthi'n cloddio a chloddio am rai oriau, ond heb ddarganfod dim. Wrth gwrs, doedd ganddo ddim llawer o amser gan ei fod yn cael gwersi gan Bachan yn ystod y dydd. Felly, bob gyda'r nos byddai'n cloddio yn ddyfnach a dyfnach

Yna un noson, ar ôl bod wrthi'n llafurio'n galed, cloddiodd drwodd i ystafell fawr. Wel, nid ystafell oedd hi mewn difri, ond neuadd enfawr. Yno, yn y neuadd fawr, roedd storfa fawr o fwyd. Yn ei fraw, rhedodd Cadog i ddweud yr hanes wrth y mynaich eraill oedd yn byw yn y fynachlog.

Penderfynwyd rhannu'r bwyd rhwng y mynaich a'r bobl dlawd oedd yn byw yn y cyffiniau. Clywodd y brenin Brychan am hyn. Roedd wrth ei fodd fod Cadog a'r mynaich eraill wedi rhannu eu cynnyrch â phobl eraill. A diolch hefyd i'r llygoden fach a'r llinyn hir tenau am ei choes.

CYNDEYRN A'R COLSION

Pwy, meddech chi? Chlywais i erioed enw'r sant hwn. Wel, naddo efallai. Ond fe roedd yn bwysig iawn yn hanes sant arall sydd wedi rhoi ei enw i Lanelwy, neu St. Asaph yn Saesneg.

Albanwr oedd Cyndeyrn ond bu'n rhaid iddo symud oddi yno pan ymosodwyd ar yr ardal honno gan dywysog paganaidd. Dyma'r adeg y daeth i Gymru, a sefydlu cell yn yr ardal a elwir yn Llanelwy heddiw.

Bob dydd o'r flwyddyn, byddai Cyndeyrn yn mynd i lan yr afon i ymolchi. Byddai'n gwneud hyn haf a gaeaf. Un bore dychrynllyd o oer, ar ôl ymolchi yn yr afon, daeth yn ôl i'w gell. Ond ni allai wneud dim, roedd wedi rhynnu yn yr afon. Roedd yn crynu drwyddo. Rhoddodd ddillad cynnes amdano, ond roedd yn dal i grynu.

"Mae'n rhaid i mi gael help," meddai, a galwodd ar un o'i hoff ddisgyblion.

"Asaph, ddoi di yma am ychydig?"

Rhedodd Asaph ato, ac meddai Cyndeyrn, "Gwranda, mi rydw i wedi bod yn ymolchi yn yr afon, a fedra i yn fy myw a chynhesu, er mod i wedi rhoi dillad cynnes amdanaf. Mi rydw i yn dal i grynu, fel y gweli. Dos i nôl colsyn neu ddau o'r grât yn y gegin..."

Cyn bod yr athro wedi gorffen y frawddeg, roedd y disgybl ar y ffordd i'r gegin. Ar ôl cyrraedd, cofiodd nad oedd wedi dod â dim i ddal y colsion poeth. Dechreuodd y cogyddion yn y gegin wneud hwyl am ei ben a'i wawdio.

"Y ffŵl dwl, sut wyt ti'n mynd i gario'r rhain i'r athro?"

"Wn i beth," meddai un arall o'r cogyddion, "Beth am i ti eu cario nhw yn dy ddwylo, ac yna fe wnei di losgi!" a dechreuodd chwerthin dros y lle. Ond fe gafodd un arall syniad gwell. "Beth am i ti eu rhoi nhw yn dy wisg, ac efallai y bydd honno'n llosgi'n ulw." Roedd y cogyddion i gyd yn cael hwyl fawr.

Penderfynodd Asaph gario'r colsion yn ei wisg. Roedd y cogyddion yn bendant y byddai gwisg Asaph yn sicr o ddeifio. A dyna lle'r oeddan nhw'n chwerthin a chwerthin.

Cariodd Asaph y colsion i'r ystafell cyn eu gosod ar y llawr pridd. Diolchodd Cyndeyrn am y gymwynas, ac meddai Asaph wrtho, "Roedd y cogyddion i gyd yn gwneud hwyl am fy mhen, roedden nhw'n credu'n siŵr y byddai'r colsion yn deifio neu hyd yn oed yn llosgi fy ngwisg. Ond edrychwch, does yna ddim ôl o gwbl ar y wisg. Mae hi'n berffaith lân, does dim ôl llosgi o gwbl."

"Dos yn awr, yn ôl at y cogyddion, a dangos dy wisg iddyn nhw," meddai Cyndeyrn.

Aeth Asaph yn syth yn ôl i'r gegin a dywedodd wrth y cogyddion, "Edrychwch, mae fy ngwisg yn berffaith lân. Does

yna ddim ôl llosgi o gwbl arni."
Roedd y cogyddion wedi rhyfeddu.
"Wedi tynnu ei glogyn mae o," meddai un cogydd.
"Wrth gwrs," meddai un arall. "Fe fyddai'r colsion yn sicr o losgi twll yn ei ddillad."
"Na," meddai Asaph, "mae Cyndeyrn fy athro yn ddyn arbennig iawn, a chanddo alluoedd tu hwnt i'r cyffredin."
Cerddodd i ffwrdd, gan adael y cogyddion yn gegrwth.

GWRTHOD Y FERCH HARDD

Ys gwn i fyddech chi'n hoffi ennill y loteri? Miliwn o bunnau, efallai! Beth fyddech chi'n ei wneud â'r arian mawr yna? Prynu palas mawr yn y wlad, neu gar mawr i'ch teulu, neu llawer iawn o degannau a llyfrau i chi eich hun? Mae'n anodd iawn dychmygu'n union faint ydi miliwn o bunnau.

Mae'r hanes y tro hwn yn sôn am fab i deulu cyfoethog iawn. Roedd ganddyn nhw ddigonedd o arian, ac roedd eu mab, Brynach, yn cael popeth pan oedd o'n blentyn.

Pan oedd Brynach yn ŵr ifanc, penderfynodd nad oedd arian yn bopeth, fel y credai ei rieni. Gadawodd ei gartref ac aeth i deithio o gwmpas y wlad. Daeth ar draws merch ifanc hardd. Roedd hi'n hoff iawn, iawn o Brynach. Bob dydd byddai'n crwydro'r wlad ar ei ôl. Ond doedd Brynach ddim mor hoff â hynny ohoni hi. Er i'r ferch ifanc geisio pob ffordd i ennill calon Brynach, doedd ganddo fo fawr o ddim i'w ddweud wrthi hi.

Gwylltiodd hithau, a gofynodd i griw o lanciau ifanc ei ddal, yn fyw neu'n farw. Dilynodd criw o lanciau ifanc ef i lan yr afon. Yno y byddai Brynach yn treulio'r rhan fwyaf o'i amser. Yno y byddai'n eistedd yn edrych i ddŵr yr afon. O dro i dro, gwelai ambell frithyll yn llithro dros y cerrig. Dro arall byddai'n gwylio gwas neidr yn hedfan dros y dŵr. A thro arall byddai'n gwylio glas y dorlan yn plymio i'r dŵr.

"Dacw fo yn eistedd ar y dorlan," meddai un o'r llanciau ifanc. "Beth am i ni fynd yn ddistaw tu ôl iddo a'i wthio i'r dŵr?"

"Na," meddai un arall. "Dewch i ni ei drywanu â'r waywffon hon. Un ergyd a bydd yn farw."

"Dyna syniad da," meddai un arall.

A dyna ddigwyddodd. Daeth un o'r llanciau ato a dechrau siarad ag ef, a dyma un arall yn dod a'i drywanu yn ei gefn â'r waywffon.

Syrthiodd Brynach i'r llawr. Rhedodd y llanciau ifanc i ffwrdd i'r goedwig gyfagos. Roedd Brynach mewn poen enbyd. Galwodd am help ond doedd neb o gwbl o gwmpas. Ceisiodd godi ar ei draed ond methodd. Yn sydyn, clywodd sŵn y defaid yn y cae cyfagos yn brefu. Efallai fod y bugail yn dod o gwmpas i'w bwydo. Galwodd am gymorth unwaith eto. Ond, doedd dim yn tycio. Roedd brefiadau'r defaid yn cynyddu. Yn y pellter gwelodd y bugail yn croesi'r cae. Galwodd eto.

Y tro hwn, clywodd y bugail y llais, a rhedodd at lan yr afon. Tynnodd y waywffon o gefn Brynach a rhoddodd eli y byddai'n ei ddefnyddio ar groen y defaid ar y briw. Aeth ag ef adef i'r fynachlog.

Ar ôl iddo wella, dechreuodd ar ei deithiau unwaith yn rhagor. Bellach, roedd am roi ei fywyd i Dduw. Sefydlodd fynachlog yn y fan y gwelodd hwch wen a pherchyll. Yr enw ar y lle hwn heddiw ydi Nanhyfer. Ddim ymhell o'r lle hwn mae Carningli, ac yma yn ôl pob sôn, y byddai Brynach yn siarad â'r angylion.

Treuliodd Brynach weddill ei fywyd yn y fynachlog, yn byw ei fywyd i Dduw.

Dyma'r gŵr a ddechreuodd ei fywyd yn ddyn cyfoethog iawn, ond bu byw weddill ei oes yn dlawd yn y fynachlog. Credai Brynach bod byw i Dduw yn bwysicach na dim ar y ddaear.

HELP ANNISGWYL

Rwy'n siŵr eich bod wedi clywed hanesion am Sant Ffransis a'r anifeiliaid. Yn ôl pob tebyg roedd yna berthynas agos rhyngddo â gwahanol anifeiliaid. Ond nid Ffransis yn unig oedd yn ffrind iddyn nhw, roedd seintiau eraill hefyd. Un o'r rhain oedd Teilo, cefnder i Dewi Sant, yn ôl pob sôn. Cysylltir Teilo â de ddwyrain Cymru.

Roedd hi'n noson braf, a Teilo a'i ffrindiau allan yng ngardd y fynachlog. Ers rhai dyddiau, roedd wedi bod yn bwrw glaw yn gyson. Ond erbyn hyn roedd y glaw wedi cilio a'r haul yn tywynu trwy frigau'r coed. Darllen ei Feibl a gweddïo oedd Teilo. Ar ôl darllen am ysbaid, cerddodd i'r berllan gyfagos. Yno, roedd arogl yr hydref yn gryf - arogl dail yn dechrau crino a ffrwythau'n aeddfedu. Roedd pob man yn ddistaw bach, dim ond sŵn brain yn crawcian yn y pellter.

Fel roedd Teilo yn cerdded yn hamddenol o'r berllan, daeth un o'r gweision allan a thorri ar y distawrwydd.

"Does yna ddim digon o goed tân yn y gegin. Felly fydd yna ddim tanwydd ar gyfer coginio brecwast bore 'fory. Tybed fedr un ohonoch fynd i dorri coed erbyn y bore?"

Ufuddhaodd Teilo ar unwaith ac fe aeth dau arall efo fo i'r goedwig i dorri coed.

Ar ôl iddyn nhw gerdded, gwelsant ddau garw yn cerdded yn urddasol o gwmpas y coed, un yn dilyn y llall. Dechreuodd Teilo a'i ffrindiau dorri coed i'w cario yn ôl i'r fynachlog. Daeth y ddau garw atyn nhw a dechrau ffroenochi, a phrancio'n osgeiddig o'u cwmpas. Ac yna dyma un ohonyn nhw yn dechrau torri brigau oddi ar y coed a'u rhoi ar lawr y goedwig. Yna, dyma'r carw arall yn gwneud yn un peth ac ymhen rhai munudau roedd llwyth o goed tân y barod.

"Wel," meddai Teilo, "fedra i ddim cario'r llwyth yma, mae o'n rhy drwm o lawer."

"Mi fydd yn rhaid i ni gario'r coed fesul tipyn," meddai un o'r mynaich eraill.

Pan oedd y mynaich yn dechrau codi'r brigau fesul un, dyma'r ddau garw yn codi gweddill y brigau ar eu cyrn a cherdded yn urddasol o gwmpas y goedwig.

"Wn i beth wnawn ni," meddai Teilo. "Mi gerdda i o'u blaenau nhw i gyfeiriad y fynachlog."

Ac felly y bu. Y mynaich ar y blaen, a'r ddau garw yn

cario'r coed tân ar eu cyrn.

Fuon nhw fawr o dro a chyrraedd porth y fynachlog. Daeth y mynaich eraill at fur y fynachlog i weld beth oedd yn digwydd.

"Dyma olygfa ddigri," meddai un o'r mynaich.

"Gweld mynaich diog ydw i," meddai un arall.

"Mi fyddwn ni'n sicr o gael brecwast i'w gofio," meddai mynach arall llond ei groen.

Gwelodd y gwas bach yr olygfa a rhedodd yn ôl i'r gegin i ddweud wrth y cogyddion bod y tanwydd wedi cyrraedd, a hynny ar gyrn dau garw urddasol.

Daeth y cogyddion allan at borth y fynachlog i weld yr olygfa ryfedd hon. Plygodd y ceirw a dechreuodd y mynaich dynnu'r brigau fesul un a'u cario i'r gegin, yn danwydd ar gyfer y bore.

Diolchodd Teilo i'r ddau garw am eu help. Pranciodd y ddau garw, ac yna llamu'n ôl i gyfeiriad y goedwig.

Byth er hynny, pan fyddai'r mynaich angen coed tân, byddai Teilo yn mynd draw i'r goedwig i chwilio am y ddau garw. Ac yn ddi-feth, byddai'r ceirw yn cario'r coed tân i borth y fynachlog. Fel rhodd iddyn nhw, byddai Teilo yn mynd â sachiad o wenith efo fo. Roedd Teilo a'r ceirw wedi dod yn ffrindiau agos iawn erbyn y diwedd.

Huw John Hughes

YR ESGOB WILLIAM MORGAN A'I FEBL

"Dad, beth yw hwnna?"
Roedd Mr a Mrs Jones a'u plant, Manon a Rhys, yn sefyll y tu allan i Eglwys Gadeiriol Llanelwy. Roedden nhw wedi bod yn yr Eisteddfod Genedlaethol am wythnos, ond bellach roedden nhw wedi symud y garafan i gae yn ymyl Llandudno a heddiw roedden nhw'n crwydro tipyn o gwmpas y fro honno.
Piler gyda ffigyrau wedi'u cerfio o'i gwmpas oedd 'hwnna'.
"Cofeb i'r cyfieithwyr", atebodd Mr Jones.
"Beth yw cofeb?"
"Cerflun i gofio am rywun."
"A beth yw cyfieithwyr?" oedd y cwestiwn nesaf.
"Pobl sy'n newid pethau o un iaith i'r llall." Ei fam a atebodd y tro hwn. "Cyfieithu'r Beibl i'r Gymraeg wnaeth y rhain."
"Pam", gofynnodd Manon.
"Wel, mae'r Beibl yn lyfr pwysig iawn", meddai ei thad. "Mae'n dweud wrthon ni beth mae Duw wedi'i wneud ym mywydau pobl ar hyd y canrifoedd - yn enwedig ym mywydau pobl Israel. Ar y dechrau dim ond adrodd yr hanes wrth ei gilydd yr oedd pobl, ond fel yr aeth amser heibio fe deimlodd rhai ohonyn nhw y dylen nhw ysgrifennu'r pethau hyn i lawr - rhag ofn iddyn nhw anghofio'r manylion. Gydag amser tyfodd yr hyn a ysgrifenwyd yn gasgliad o lyfrau. Mae'r gair 'Beibl' yn dod o air Groeg 'biblia' sy'n golygu 'llyfrau', ac mae yna bob math o lyfrau yn y Beibl - llyfrau cyfraith, hanes, barddoniaeth, llythyrau ac ati."
"Mae yna ddwy adran ynddo hefyd", ychwanegodd Mrs Jones, "ydych chi'n cofio beth ydyn nhw?"
Yr Hen Destament a'r Testament Newydd" atebodd y plant.
"Ie. Roedd Iesu Grist yn gyfarwydd â'r Hen Destament. Cafodd hwnnw ei ysgrifennu mewn Hebraeg, iaith yr Iddewon."
"Beth am y Testament Newydd?" holodd Rhys.
"Na, nid mewn Hebraeg yr ysgrifenwyd hwnnw," atebodd ei dad, 'ond mewn Groeg."

"Ac mae'n sôn am Iesu Grist," meddai Manon, "fe ddywedodd Mrs Williams hynny wrthon ni yn yr Ysgol Sul."

"Ydy, mae e. Roedd ffrindiau Iesu Grist yn hoffi sôn amdano ef ac am yr hyn yr oedd e wedi'i ddysgu iddyn nhw. Roedden nhw'n sôn llawer hefyd am ei atgyfodiad. Ond pan ddechreuodd y ffrindiau hyn farw aeth y lleill ati i ysgrifennu'r hanes. Dyna beth sydd yn yr Efenglau - gwaith Mathew, Marc, Luc a Ioan."

"Mae llythyron a ysgrifennodd Paul, ffrind arall i Iesu Grist, yna hefyd," meddai Mrs Jones. "Roedd e'n teithio llawer yn sefydlu eglwysi, a phan fyddai'n symud i rywle arall, byddai'n anfon llythyr atyn nhw. Dyna beth yw sawl un o lyfrau'r Testament Newydd."

"Felly, cyfieithu o Hebraeg a Groeg i Gymraeg wnaeth y dynion hyn," meddai Rhys gan edrych ar y cerfluniau.

"Nage," meddai ei dad, "mae'r stori dipyn bach yn fwy cymhleth na hynny mae arna'i ofn. Dewch i eistedd fan hyn ac fe wna i 'ngore i esbonio beth ddigwyddodd wedyn."

Wedi i bawb eistedd meddai, "Gydag amser fe ddaeth rhagor o bobl mewn mwy a mwy o wledydd i gredu yn Iesu Grist ac roedden nhw am glywed ei hanes. Ond nid oedd pawb yn deall Hebraeg a Groeg, felly aeth pobl ati i gyfieithu'r Beibl i ieithoedd eraill. Y cyfieithiad mwyaf poblogaidd yn Ewrop am amser maith oedd cyfieithiad Jerôm, dyn o'r Eidal. Fe gyfieithodd e'r Beibl i Ladin. Yr enw ar y cyfieithiad hwnnw oedd y Fwlgat - sy'n golygu 'cyffredin' neu 'boblogaidd'. Darllen o hwnnw yr oedd yr offeiriaid yn yr eglwysi."

"Oedd pobl Cymru yn deall Lladin?" holodd Manon.

"Nac oedden," atebodd ei mam. "Roedd yr offeiriad yn gorfod esbonio'r darlleniad iddyn nhw, neu roedden nhw'n dysgu'r hanes trwy edrych ar y lluniau lliw a oedd yn y llawysgrifau, y ffenestri lliw ac ati. Yn y diwedd fe ddechreuodd rhai pobl anesmwytho a theimlo y dylen nhw gael y Beibl mewn iaith y medren nhw ei deall. Yn Lloegr dyn o'r enw John Wycliffe a aeth ati. Cynhyrchodd ef Feibl mewn Saesneg y gallai pawb ei ddeall yn y bedwaredd ganrif ar ddeg, ond fe fu'n rhaid i'r Cymry aros am sawl blwyddyn arall cyn iddyn nhw gael y Beibl mewn Cymraeg.

"Gŵr o Lansannan oedd yr un a fu'n brwydro i gael hwnnw," meddai Mr Jones, "gŵr o'r enw William Salesbury. Fe aeth ati i gyfieithu'r darnau o'r Beibl oedd yn cael eu darllen yn y Cymun i ddechrau a'u cyhoeddi ym 1551 mewn llyfr o'r enw *Kynnifer Llith a Ban*. Wedyn, gyda chymorth yr Esgob Richard Davies a Thomas Huet - welwch chi nhw fan draw? - fe gyfieithodd y Testament Newydd i'r Gymraeg ym 1567.

"Roedd hi'n haws cynhyrchu llawer o gopïau erbyn hyn," ychwanegodd Mrs Jones, "y mynachod fyddai'n copïo llawysgrifau gynt ac roedd hynny'n waith araf iawn, ond nawr roedd gweisg ar gael a oedd yn medru argraffu copïau'n gyflymach o lawer."

"Felly, roedd pawb wrth eu bodd bellach?" holodd Rhys.

"Ddim yn hollol" oedd ateb ei dad. Roedd William Salesbury yn ddyn clyfar iawn ond doedd ei Gymraeg e ddim yn hawdd i'w ddarllen. Cyfieithiad dyn arall ddaeth yn boblogaidd. Ei Feibl e yw'r enwocaf o'r cyfan."

"Pwy oedd e?" holodd Manon.

"Yr Esgob William Morgan - dyn a gafodd ei eni yn y Tŷ Mawr, Wybrnant, Penmachno, yng nghanol y wlad. Roedd e'n blentyn clyfar ac fe gafodd ei addysgu ym mhlas Gwydir gerllaw. Yn ugain mlwydd oed aeth i Goleg Sant Ioan, Caergrawnt ac ennill sawl gradd yno. Daeth yn ôl i Gymru a bu'n offeiriad cydwybodol mewn gwahanol fannau. Sylweddolodd bod angen i'w blwyfolion gael Beibl y medren nhw ddeall ac aeth ati i baratoi un ar eu cyfer. Roedd e'n ysgolhaig da a chyfieithodd o'r ieithoedd gwreiddiol. Bu wrthi am ryw ddeg i bymtheg mlynedd a bu'n aros gyda'i ffrind yn Llundain am flwyddyn gyfan wedyn yn gwneud yn siwr bod y wasg yn y ddinas honno yn argraffu'r llyfr yn gywir. Ymddangosodd ei gampwaith ym 1588. Roedd Beibl William Morgan yn glamp o Feibl mawr. Argraffwyd rhyw fil o gopïau ac roedden nhw'n cael eu cadw yn yr eglwysi, yn sownd wrth gadwyn i sicrhau na fyddai unrhyw un yn eu dwyn nhw."

"Oedd Cymraeg William Morgan yn haws i'w ddeall na Chymraeg William Salesbury?" holodd Rhys.

"Haws o lawer" meddai Mrs Jones. "Roedd Cymraeg William Morgan yn wych. Yn osgystal â bod yn ysgolhaig ardderchog roedd e'n gyfarwydd iawn â gwaith y beirdd Cymraeg. Ysgrifennodd ei Feibl mewn Cymraeg da dros ben - ei Gymraeg ef ddaeth yn Gymraeg safonol Cymru. Mae rhai pobl yn credu mai Beibl William Morgan achubodd yr iaith Gymraeg rhag diflannu."

"Tipyn o foi," meddai Rhys.

"Ie", meddai ei dad. "Does dim rhyfedd ei fod e wedi dod yn esgob Llandaf ac yn esgob Llanelwy wedyn. Mae e wedi cael ei gladdu yn yr eglwys gadeiriol hon."

"Ond nid yw'n Beiblau ni heddiw yn sownd wrth gadwyn" meddai Manon. "Felly nid Beibl William Morgan sydd gyda ni yn yr eglwys."

"Nage wir", meddai ei thad. "Fe dwtiodd Dr Richard Davies a Dr John Davies Mallwyd dipyn ar Feibl William Morgan ar gyfer y fersiwn gafodd ei argraffu ym 1620 ac yna ym 1630 fe ymddangosodd y Beibl Bach, Beibl llai o faint, Beibl y gallai pobl ei gadw yn eu cartrefi."

"Ond Beibl William Morgan oedd sylfaen y rhain i gyd", meddai Mrs Jones. "Dyna beth roedden ni'n ei ddarllen pan oedden ni'n blant. Nawr mae fersiwn arall gyda ni hefyd - Y Beibl Cymraeg Newydd. Yn y ganrif hon roedd pobl yn teimlo y dylid mynd ati i baratoi cyfieithiad newydd yn y Gymraeg. Roedd yr ysgolheigion yn gwybod mwy am yr hen lawysgrifau nag yr oedd William Morgan bellach a hefyd roedd llawer o eiriau Cymraeg wedi newid eu hystyr. Daeth criw o bobl ddysgedig at ei gilydd ac ym 1975 cyhoeddwyd y Testament Newydd. Ym 1988 ymddangosodd y Beibl cyfan, y Beibl Cymraeg Newydd, pedwar can mlynedd ar ôl Beibl William Morgan. Cafodd ei gyflwyno i'r Cymry mewn gwasanaeth arbennig yng Nghaerdydd ar Ddydd Gŵyl Dewi."

"Felly dyw Beibl yr Esgob ddim yn cael ei ddefnyddio nawr!" meddai Rhys.

"O ydy", meddai Mr Jones, "Mae pobl yn dal i hoffi'r hen gyfieithiad, ac yn aml iawn - mewn gwasanaethau Nadolig er enghraifft - maen nhw'n mwynhau gwrando ar y geiriau a oedd yn gyfarwydd iddyn nhw am gynifer o flynyddoedd. Rydyn ni'n defnyddio'r ddau gyfieithiad o hyd i wahanol ddibenion."

"Beth am godi nawr", meddai Mrs Jones, "a symud draw i gael golwg iawn ar y gofeb na. Mae'r holl gymeriadau y buon ni'n sôn amdanyn nhw wedi cael eu cerfio o gwmpas y piler. Am y cyntaf i weld yr enwocaf ohonyn nhw i gyd - yr Esgob William Morgan!"

Cynthia Davies

MARI JONES A'I BEIBL

Yng nghanol bryniau Cymru safai bwthyn taclus o gerrig llwydion, ac o'i gwmpas 'roedd gardd amryliw fel cwilt cartref o lysiau a blodau, bresych gwyrdd a blodau melyn, ffa dringo â'u blodau cochion, a llwyni porffor isel o fân lysiau. 'Roedd y caead pren ar bob ffenestr, (y gellid ei gau yn y gaeaf i gadw'r gwyntoedd rhewllyd allan), yn llydan agored. 'Roedd y drws ffrynt hefyd yn agored, a haul haf yn tywynnu ar lawr llechi glân y cyntedd. Edrychai popeth yn hapus a di-gyffro.

Popeth hynny yw, ond y ferch a redodd yn sydyn allan trwy'r drws agored. 'Roedd yn ddigon hawdd gweld ei bod mewn tymer ddrwg. Curodd ei throed ar y llawr, a gwaeddodd rywbeth wysg ei chefn yn ôl i'r bwthyn. Yna, â gwg ar ei hwyneb cerddodd yn ei thymer i gefn y tŷ gan ymddangos ymhen munud â'i ffedog wen yn llawn o rywbeth. Rhoddodd ei llaw yn ei ffedog, tynnodd allan ddyrnaid o rywbeth a'i daflu ar y llawr.

"Dyma chi, y pethau swnllyd gwirion", gwaeddodd.

Ar unwaith, daeth dwsin o ieir i'r golwg, gan grafu'u ffordd allan o'r llwyni. Taflodd y ferch gonglau ei ffedog oddi wrthi, a thywallt gweddill y grawn dros yr ieir rywsut rywsut.

"Rydwi'n eich casáu chi, 'dwi'n eich casáu chi", meddai dan ei gwynt, fel y syrthiai'r grawn i'r llawr. Yna rhuthrodd yn ei thymer i ben pella'r ardd, a thaflu'i hun i lawr o dan goeden afalau.

Enw'r ferch oedd Mari, ac roedd yn byw tua dau gan mlynedd yn ôl ar gwr pellaf pentre bach yng Nghymru. 'Roedd ei theulu'n bur dlawd, ac 'roedd yn rhaid iddi hi a'i mam a'i thad weithio'n galed iawn i ennill eu bywoliaeth. Gwehydd oedd Mr. Jones ei thad. Byddai'n eistedd wrth ei wŷdd yn ystafell gefn y bwthyn drwy gydol y dydd, gan wibio'r wennol yn ôl ac ymlaen i wneud brethyn i'w werthu yn y farchnad, neu i'r bobl gyfoethog o gwmpas.

Gwyddai Mari pa mor galed 'roedd ef yn gweithio - ac fe wnâi ymdrech i helpu. Ond weithiau fe deimlai'n ddiflas iawn.

"Mae bywyd yn ddiflas," meddai wrthi ei hun, gan rwygo'r gwair yn ei thymer. "Mae pob diwrnod 'r un fath â'r un o'i flaen.

Ni allai Mari ddarllen nac ysgrifennu, ac nid oedd ysgol yn agos iddi fynd iddi. Felly, bob dydd, 'roedd yn rhaid i Mari helpu'i mam i lanhau'r tŷ ac i edrych ar ôl yr ardd. Bob dydd byddent yn pobi bara ac yn gwneud cawl. Bob nos byddent yn trwsio a gwnïo'u dillad. Bob dydd byddai Mari'n bwydo'r ieir. Bob nos byddai'n eu cau'n ofalus yn y cwt ieir, rhag ofn llwynog.

Gan amlaf 'roedd Mari'n hapus, ond weithiau byddai'n blino gwneud yr un gwaith drosodd a throsodd, er enghraifft chwynnu'r ardd pan oedd newydd wneud hynny y diwrnod cynt! Byddai'n sefyll yn yr ardd yn edrych i lawr i'r dyffryn, gan hiraethu am ffrind i chwarae gyda hi. Oherwydd anaml y gwelai'r teulu neb arall, 'roedd eu cymydog agosaf hanner milltir i ffwrdd.

Ond dydd o orffwys oedd dydd Sul. 'Roedd y ffrâm wau fawr yn dawel, y tŷ fel pin mewn papur, a Mari a'i mam wedi crasu digon o fara ddydd Sadwrn i barhau tan ddydd Llun. Ar fore Sul, pa dywydd bynnag fyddai hi, cerddai'r teulu dros y bryn i'r capel.

'Roedd y gwasanaeth yn hir iawn bob amser. Byddai Mari wrth ei bodd yn canu'r emynau, ond suddai ei chalon pan godai'r gweinidog ar ei draed i ddechrau pregethu. 'Roedd ei lais fel petai'n grwnian ymlaen am oriau, ac 'roedd yn anodd iawn ei ddeall. 'Roedd y seddau pren yn mynd yn galetach ac yn galetach, ac 'roedd Mari'n methu'n lân ag eistedd yn llonydd. Os oedd hi'n aflonydd, 'roedd ei thad yn gwasgu'i phenglin ac yn edrych yn gas iawn arni. Er mwyn treulio'r amser, byddai Mari'n cyfri'r gwe pry'cop ar nenfwd uchel y capel, neu'n dyfeisio siapiau yn y cysgodion a deflid gan lampau'r capel.

Weithiau, pan ddarllenai'r gweinidog o'r Beibl mawr du, byddai Mari'n ceisio dychmygu'r teimlad o allu darllen. 'Roedd hi unwaith wedi sleifio i'r sêt fawr ar ôl y gwasanaeth, a sefyll ar flaenau'i thraed i sbecian ar y marciau duon rhyfedd a redai ar draws y dudalen. Fedrai hi ddim deall sut y gallai neb wneud pen na chynffon ohonynt, a châi hi byth mo'r cyfle!

Ond yn sydyn un dydd Sul, dywedodd y gweinidog, "Mae gen i gyhoeddiad arbennig iawn." Cliriodd ei wddf yn bwysig. "'Rydym am gael ysgol yn y pentref. Caiff pob plentyn fynd yno. Bydd yr ysgol newydd yn agor yr wythnos nesaf."

Prin y gallai Mari gredu ei chlustiau!

Ond ysgol yn y festri am dri mis cyfan. Nid yn unig câi Mari'r cyfle i ddysgu darllen a 'sgrifennu, câi hefyd weld ei ffrindiau bob dydd! Fedrai hi ddim aros! Âi'r dyddiau heibio'n arafach nag arfer, ac 'roedd y tasgau a gâi gan ei mam i'w gwneud yn ymddangos yn fwy diflas nag arfer.

Pan ddaeth y dydd i Mari ddechrau yn yr ysgol, 'roedd hi mor gynhyrfus nes iddi ddeffro ymhell cyn i'r wawr dorri.

Gorweddai gan syllu allan o ffenestr ei llofft ar yr awyr dywyll. Tybed sut deimlad fyddai i ddarllen, i ddeall y marciau rhyfedd a gadwai gyfrinachau storïau am bobl a lleoedd nad oedd hi wedi dychmygu amdanynt. Yna'n sydyn 'roedd arni ofn. Efallai y byddai'n rhy anodd iddi. Efallai y byddai'n methu gwneud dim ohono, ac y byddai'r lleill yn chwerthin am ei phen. Ynghanol ei chyffro teimlai ryw lwmp caled o boendod yn ei stumog.

'Roedd Mari'n falch iawn felly pan welodd y wawr yn torri o'r diwedd dros y bryniau. Neidiodd o'i gwely, gwisgodd y dillad glân oedd yn barod ganddi ers y noson cynt, a chripiodd i lawr y grisiau fel llygoden. Torrodd ychydig o fara a chaws i ginio, a'i lapio'n ofalus mewn lliain bach sgwâr. Yna deffrodd ei rhieni, ffarweliodd â nhw, a dechreuodd gerdded y ddwy filltir i'r ysgol.

Pan gyrhaeddodd, 'roedd y rhan fwyaf o'r plant eraill yn aros yn gynhyrfus y tu allan. O'r diwedd, agorodd Mr. Ellis, yr athro, y drws. Aeth pawb i fewn fesul un, ac eistedd. 'Roedd y plant i gyd gyda'i gilydd mewn un dosbarth, y rhai chwech oed a'r rhai tair-ar-ddeg oed, oherwydd fu dim un ohonynt

mewn ysgol o'r blaen.
Rhoddodd Mr. Ellis lechen a darn o sialc i bawb, a dangosodd iddynt sut i wneud siâp llythrennau. 'Roedd y sialc yn gwneud sŵn gwichian ofnadwy ar y lechen, ond prin y sylwai Mari, gan ei bod yn canolbwyntio mor galed, â'i thafod allan yn yr ymdrech. Dyma'r amser gorau a gafodd erioed!
Dysgodd Mari'n gyflym, a chyn bo hir gallai ddarllen tudalen gyfan ar y tro. 'Roedd wrth ei bodd yn darllen storïau Iesu, a straeon yr Hen Destament am bobl fel Noa a Jona. Un diwrnod, ar y daith hir adref o'r ysgol, cafodd Mari ei hun yn breuddwydio sut deimlad fyddai cael llyfr iddi hi ei hun.
Cafodd syniad sydyn! Rhuthrodd adref, ac i'r tŷ at ei rhieni fel mellten.
"'Rydwi wedi penderfynu. 'Rydwi'n mynd i gasglu fy mhres i gael fy Meibl fy hun!"
'Doedd dim ateb. Edrychodd ar ei mam a'i thad. Yn lle bod yn falch, edrychent yn boenus.
"Ond mae llyfrau'n ddrud iawn," meddai ei mam o'r diwedd, "yn rhy ddrud i bobl fel ni. Hoffwn i ddim i ti gael dy siomi."
"Paid ti â dechrau meddwl dy hun 'ngeneth i," meddai ei thad.
'Roedd Mari wedi cynhyrfu'n lân.
"Mi ga'i Feibl!" gwaeddodd, "hyd yn oed os bydd yn rhaid i mi hel fy mhres am ugain mlynedd. Beth bynnag mi fedra i ddarllen. Arhoswch chi tan y Sul nesaf. Mi gewch chi weld."
Dechreuodd feichio crïo, a rhuthrodd i fyny i'w hystafell wely. Edrychodd ei rhieni'n anhapus ar ei gilydd.
Cyn mynd i'w wely, aeth tad Mari i'w weithdy, ac wrth olau cannwyll, gwnaeth focs pren cryf. Ar ôl iddo'i orffen, cuddiodd ef o dan ei fainc.
Dyna syndod a gafodd tad a mam Mari yn y capel y Sul dilynol! Cyhoeddodd y gweinidog, "Mari Jones fydd yn darllen o'r Beibl i ni y bore 'ma."
Â'i hwyneb ar dân a'i chalon yn curo, cododd Mari ar ei

thraed a cherddodd i'r sêt fawr. Trodd dudalennau'r llyfr mawr yn ofalus nes daeth at y lle a farciwyd iddi gan Mr. Ellis. Yna cymerodd anadl ddofn a dechreuodd ddarllen. Ar y cychwyn 'roedd ei llais braidd yn grynedig, ond toc daeth yn uwch ac yn gryfach wrth iddi ddarllen yn Gymraeg eiriau Iesu Grist.

"Pob un felly sy'n gwrando ar y geiriau hyn o'r eiddof ac yn eu gwneud, fe'i cyffelybir i ddyn call, a adeiladodd ei dŷ ar y graig. Disgynnodd y glaw a daeth y llifogydd, a chwythodd y gwyntoedd a tharo yn erbyn y tŷ hwnnw, ond ni syrthiodd, am ei fod wedi ei sylfaenu ar y graig."

Wedi iddi orffen, brysiodd Mari'n ôl i'w lle. Edrychodd wysg ei hochr ar ei rhieni. 'Roeddynt yn wên o glust i glust. Ar ôl y gwasanaeth, daeth llawer o bobl at Mari i'w llongyfarch am ddysgu darllen mor gyflym.

"'Rydych chi wedi dotio arni," meddai Mrs. Evans, gwraig fferm fawr gyfagos, wrth fam Mari.

"Wel ydym," meddai ei mam, "ond mae hi wedi cael rhyw syniad rhyfedd i hel er mwyn prynu Beibl ei hun."

"Mae hi'n siŵr o lwyddo," meddai Mrs. Evans. "Mae merch â'r fath benderfyniad i ddysgu darllen mor gyflym yn sicr o lwyddo mewn unrhyw beth y mae'n rhoi ei bryd arno. Yn y cyfamser, rhaid iddi ddod i ymarfer darllen ein Beibl ni gartref."

Felly y Sadwrn dilynol, dyma Mari'n curo ar ddrws ffrynt mawr y ffermdy. 'Roedd hi braidd yn nerfus. 'Roedd y tŷ'n llawer mwy moethus na thŷ Mari. 'Roedd ynddo lawer o ffenestri, a iard anferth o'i gwmpas.

Aeth Mrs. Evans â Mari i ystafell â dodrefn tywyll trwm ynddi, a lliain lês ar y bwrdd. Nid un llyfr oedd yno, ond rhes o lyfrau mewn trefn ar silff. 'Roedd Mari'n methu deall beth yn y byd y gallent fod. Estynnodd Mrs. Evans y Beibl i lawr o'r silff, a thynnodd gadair at y bwrdd i Mari.

"Cymer dy amser, cariad," meddai, "wedyn tyrd i'r gegin i ti gael diod cyn i ti fynd adref."

Trodd Mari'r tudalennau'n ofalus. Dechreuodd gyda'r penodau a ddysgwyd ganddynt yn yr ysgol, gan redeg ei bys o dan y geiriau wrth iddi ddarllen. Yna, trodd i bennod gynta'r Beibl, a darllen hanes dechreuad y byd. Ceisiai gofio popeth a ddarllenai, er mwyn iddi gael ei ail-adrodd i'w rhieni pan âi adref.

Toc, dechreuodd nosi. 'Doedd Mari ddim yn hoffi gofyn i Mrs. Evans am gannwyll. Felly, rhoddodd y Beibl yn ôl yn ofalus yn ei le ar y silff, ac aeth am y gegin. 'Roedd Mrs. Evans yn pobi ar fwrdd cegin mawr gwyn. Gwenodd, a rhoi cwpanaid o lefrith a theisen gri gynnes i Mari.

"Cofia ddod unrhyw amser," meddai.

"Diolch yn fawr iawn," meddai Mari, ac ychwanegodd yn swil "Beth hoffwn i wneud yn fwy na dim fyddai hel pres i gael fy Meibl fy hun."

Ar ôl mynd adref, tynnodd Mari ei mantell a'i hongian ar y bachyn. Wrth iddi droi i fynd i'r ystafell, estynnodd ei thad rywbeth iddi.

"Rydym ni'n gwybod gymaint 'rwyt ti eisiau Beibl," meddai. "Fe wnawn ni ein gorau glas i'th helpu di. Dyma i ti focs bach i gadw dy bres ynddo." Estynnodd iddi'r bocs pren a guddiodd o dan ei fainc.

"Fe gei di ddwy iâr i ti dy hun, a chei werthu eu hwyau," meddai ei mam.

"Ac fe gei di un cwch gwenyn i ti dy hun, i ti allu gwerthu'r mêl gei di gan y gwenyn," ychwanegodd ei thad.

"O diolch, diolch," meddai Mari, gan eu cofleidio. "Mi weithia i hynny a fedra i nes ca'i fy Meibl."

A dyna'n union a wnaeth.

'Doedd plant yr oes honno ddim yn cael pres poced, felly 'roedd yn rhaid i Mari chwilio am ffyrdd i ennill pres, yn ogystal â dal i wneud ei thasgau yn y tŷ. Pan fyddai rhywfaint o wlân ar ôl wedi i'w mam fod yn gwau, crefai Mari amdano er mwyn cael gwau 'sanau amryliw i'w gwerthu yn y farchnad. A phan ddôi amser y cynhaeaf ŷd, er mai ifanc iawn oedd hi, âi Mari i weithio ar y ffermydd cyfagos gan helpu i glymu'r ysgubau ŷd, a'u pentyrru at ei gilydd. Ond 'roedd yn waith blinedig dros ben, a dim ond ychydig geiniogau'r dydd a gâi hi am ei llafur.

Araf iawn y tyfai'r pentwr pres yng nghadw-mi-gei Mari. Câi ei themtio weithiau i roi'r ffidil yn y to, ac i wario'r arian ar ffrog ddel neu ar bâr o esgidiau newydd. Ond yna, byddai'n ei hatgoffa'i hun bod pob ceiniog ychwanegol yn y bocs yn dod â hi'n nes i gael y Beibl y breuddwydiai amdano.

Aeth chwe blynedd hir heibio. Chwe gaeaf hir a chwe chynhaeaf. Chwe phen-blwydd a chwe Nadolig. 'Roedd hi bellach wedi tyfu i fyny - yn bymtheg oed! Ond trwy gydol yr amser, pa mor brysur bynnag oedd hi, nid anghofiodd Mari am ei phenderfyniad i gael Beibl iddi hi ei hun ryw ddiwrnod.

Un noson yng nghanol y gaeaf, estynnodd y bocs o'r silff-ben-tân a thywallt y pentwr pres ar y bwrdd. Cyfrifodd hwy drosodd a throsodd i wneud yn siŵr.

"Mam, 'Nhad, 'rydwi bron wedi gorffen! Dim ond ychydig o geiniogau eto, ac fe fydd gen i ddigon o bres i brynu fy Meibl! Fedra'i ddim aros tan y Sul - fe ofynna i i'r gweinidog sut i gael un. Wedyn, gynta mod i wedi casglu'r mymryn bach olaf 'na, fe fydda i'n barod."

Ond wyddai Mari ddim beth oedd o'i blaen hi! Ar ôl yr oedfa, arhosodd yn amyneddgar am gyfle i siarad â'r gweinidog.

"Mr. Hugh," meddai, "Fe wyddoch chi 'mod i'n hel pres i gael Beibl".

Cododd Mr. Hugh ei law. "Mae 'na dderyn bach wedi dweud wrtha'i eich bod chi wedi casglu digon. Mae 'na rai ohonom yn y pentref wedi casglu ychydig i gyrraedd y swm angenrheidiol."

Gwthiodd fag bychan o geiniogau i'w llaw.

Wyddai Mari ddim beth i'w wneud nac i'w ddweud. Gwyddai na allai'r rhan fwyaf o bobl y pentref fforddio rhannu dim o'u pres.

"Wnewch chi ddiolch yn fawr i bawb drosta'i? meddai.

"'Rwan, dywedwch wrtha i ble mae'n rhaid i mi fynd i gael fy Meibl."

Edrychodd Mr. Hugh yn ddifrifol arni.

"Mari," meddai "y lle agosaf yw'r Bala, ac mae hynny bum-milltir-ar-hugain oddi yma. Gymaint o ffordd dair gwaith ar ddeg ag ydych chi'n ei gerdded i'r capel."

"Rydwi wedi arfer cerdded," meddai Mari'n hyderus.

Petrusodd Mr. Hugh.

"Ond, Mari, beth petai dim Beiblau ar ôl erbyn i chwi gyrraedd?"

Gwenodd Mari arno.

"'Rydwi'n berffaith sicr y bydd 'na Feibl," meddai.

Gwenodd Mr. Hugh yn ôl arni, ond 'doedd o ddim mor siŵr.

Yn ei llaw, cariai Mari fara a chaws wedi ei osod mewn lliain bach, i'w fwyta ar y ffordd. Yn ei phoced 'roedd pwrs yn llawn o'r arian a gasglodd. Dros ei hysgwydd cariai fag lledr 'roedd hi wedi ei wnïo'n arbennig i gario'i Beibl gwerthfawr ynddo. Ar ei chof 'roedd enw a chyfeiriad a roddodd y gweinidog iddi. 'Roedd ganddo ffrind yn byw yn Y Bala, ac 'roedd wedi dweud wrth Mari am fynd i chwilio am dŷ Mr. Edwards, y munud y cyrhaeddai. Byddai ef yn sicr o'i helpu.

Ar y dechrau, 'roedd y daith yn hawdd. Gwyddai Mari am bob llwybr o gwmpas ei phentref hi. 'Roedd yn ddiwrnod heulog braf, a cherddai hi'n ysgafn, gan fwmian canu dan ei gwynt. 'Nawr ac yn y man, gwelai rywun yn sbecian yn ffenestr bwthyn, neu bobl yn gweithio yn y caeau, a gwaeddai "Helo!" Ond wnaeth hi ddim arafu. Gwyddai fod ganddi ffordd bell iawn i fynd.

Pan oedd yr haul yn union uwchben, dyfalodd Mari ei bod yn hanner dydd. Eisteddodd wrth ffrwd fach i orffwys, yfodd beth o'r dŵr clir, a golchodd ei thraed blinedig yn y ffrwd. Bwytaodd y rhan fwyaf o'r bara a'r caws, gan gadw peth ohono rhag angen.

Ar ôl cinio, cychwynnodd Mari eto, ond erbyn hyn 'roedd y daith yn galetach o lawer. 'Roedd llwybrau'r bryniau'n fwy serth, y ddaear yn galetach, a'r haul yn boethach nag y bu. Am y tro cyntaf, dechreuodd Mari boeni a fyddai'n cyrraedd pen ei thaith. 'Roedd eisoes wedi bod yn cerdded am saith awr, ac 'roedd llawer o ffordd i fynd eto.

Yna, daeth syniad erchyll i'w meddwl, gan wneud iddi deimlo'n swp sâl; beth petai dim Beibl ar gael? Beth petai'r ychydig Feiblau a argraffwyd yn Gymraeg, wedi mynd i gyd? Ymlwybrodd Mari ymlaen, gan geisio rhoi'r peth o'i meddwl. Ond 'roedd ei choesau fel pren, a hithau wedi blino, a mwy nag unwaith, baglodd ar y llwybr caregog. 'Roedd dagrau o boen a blinder yn llenwi'i llygaid.

O'i blaen, ymrannai'r llwybr yn ddau. Pa ffordd y dylai fynd? 'Doedd dim amser i wneud camgymeriadau os oedd hi am gyrraedd Y Bala cyn nos. 'Roedd ar Mari ofn am ei bywyd. Ymdrechodd yn galed i gofio'r cyfarwyddiadau a gafodd gan ei thad. Yna dewisodd lwybr troellog i fyny allt goediog. Pan orffwysodd ar y gamfa ar ben yr allt, edrychodd i lawr, a gwelodd o'r diwedd, er mawr ryddhad iddi, dref Y Bala yn union o'i blaen.

Daeth ynni newydd i Mari o rywle, 'Roedd fel petai'n hedfan i lawr y llwybr serth at ymylon y dref, ac mewn chwinciad, cafodd hyd i dŷ Mr. Edwards. Fel yr agorai'r drws yn sydyn, teimlai Mari'n swil. Yna daeth ei geiriau allan yn un rhes ar un gwynt.

"Os gwelwch chi'n dda syr, mae gweinidog Abergynolwyn yn dweud ei fod yn ffrind i chi. Mari Jones ydi f'enw i - a 'rydwi wedi bod yn casglu 'mhres ers chwe blynedd i brynu Beibl - ac fe dd'wedodd o..."

"Hanner munud," meddai llais tyner.

"Dowch i'r tŷ a dechreuwch o'r dechrau."

Edrychodd Mari ar wyneb caredig Mr. Edwards, ac yna dilynodd ef i'r tŷ. Wedi iddo glywed stori Mari i gyd, 'roedd wedi ei syfrdanu.

"Ydych chi wedi cerdded pum milltir ar hugain heddiw?" gofynnodd. Amneidiodd Mari. Yn sydyn, 'roedd mor flinedig fel mai prin y gallai sefyll.

"Wel yn gynta', 'rydych chi angen pryd o fwyd a noson dda o gwsg. Yfory, fe awn i chwilio am Feibl i chi."

Y bore wedyn, eglurodd Mr. Edwards y buasai'n rhaid iddynt alw i weld Mr. Charles, a dderbyniodd becyn o Feiblau Cymraeg o Lundain. Ef oedd y dyn a allai werthu Beibl i Mari.

"Dim ond gobeithio bod ganddo un ar ôl," meddai Mr. Edwards dan ei wynt wrth iddynt brysuro trwy'r strydoedd culion.

Ar ôl iddynt egluro'u neges i Mr. Charles dywedodd y gŵr hwnnw, "Dyna drueni, gwerthais y Beibl olaf ddoe." Llanwodd llygaid Mari â dagrau, a phrin y gallai egluro i Mr. Charles pa mor bell 'roedd wedi cerdded, a chymaint yr ymdrech a wnaeth. Yna'n sydyn, goleuodd wyneb Mr. Charles.

"Arhoswch funud," meddai.

"Mae yma Feibl a gedwais i ffrind i mi. Cewch fynd â hwnnw. Caiff fy ffrind un eto." Ni allai Mari ddweud gair, ond daeth llawenydd i'w hwyneb yn lle dagrau.

Estynnodd Mr. Charles Feibl newydd sbon wedi ei rwymo'n hardd i Mari. Gafaelodd hithau ynddo â'i dwy law ac edrych arno'n syn. Ei Beibl ei hun o'r diwedd. Prin y gallai gredu'r peth. Yna rhoddodd ei phwrs llawn i Mr. Charles, a gosododd y Beibl yn ofalus yn ei bag lledr.

"Darllenwch o'n ofalus, a dysgwch ohono," meddai Mr. Charles wrth iddo ffarwelio â Mari.

"Fe wna i, a diolch!" galwodd hithau, gan fynd ar wib i fyny'r stryd.

Ymddangosai'r daith adref yn llawer byrrach na thaith y diwrnod cynt. Gwibiodd Mari dros y bryniau gan afael yn dynn yn ei bag lledr. Ond 'roedd hi wedi blino'n arw erbyn i lampau'r pentref ddod i'r golwg yn y pellter. 'Roedd ei mam a'i thad a'i holl ffrindiau yn aros amdani ar gwr y pentref.

Daliodd Mari'r Beibl yn uchel uwch ei phen. "Rydwi wedi cael un, 'rydwi wedi cael un," gwaeddodd. A sibrydodd yn ddistaw wrthi'i hun, "O'r diwedd fe allaf ddarllen fy Meibl fy hun yn fy iaith fy hun."

Ymhell ar ôl i Mari gychwyn adref, eisteddai Mr. Charles yn ei stydi yn meddwl am y ferch a gynilodd mor hir ac a gerddodd mor bell i gael Beibl Cymraeg iddi hi ei hun. 'Roedd Beiblau Cymraeg yn brin fel aur, a hyd yn oed pan oeddynt ar gael, 'roeddynt yn rhy ddrud o'r hanner i bobl gyffredin allu eu fforddio. Penderfynodd Mr. Charles wneud rhywbeth ynglŷn â'r mater.

Ac felly, ymhen ychydig fisoedd, mewn cyfarfod arbennig o bobl bwysig yn Llundain, dringodd Mr. Charles i'r llwyfan a dweud, "Foneddigion a boneddigesau, fe hoffwn i ddweud stori wir wrthych chi am ferch fach o'r enw Mari Jones..."

Gwrandawodd yr holl bobl yn astud iawn wrth iddo ddisgrifio sut 'roedd Mari wedi casglu'i harian yn amyneddgar, a cherdded yr holl ffordd i'r Bala i gael y Beibl 'roedd wedi breuddwydio amdano. Wedi iddo orffen, bu distawrwydd llethol. Yna'n sydyn, dechreuodd pobl godi ar eu traed.

"Rhaid i ni argraffu rhagor o Feiblau Cymraeg," meddai un.

"A gofalu eu bod yn rhatach," galwodd rhywun arall.

Yna galwodd llais cryf o'r cefn: "Pam na chawn ni Feiblau ym mhob iaith?"

Felly, yn y fan a'r lle, ffurfiwyd cymdeithas i baratoi Beiblau ym mhob iaith bosibl i bobl ym mhob rhan o'r byd.

Fuasai Mr. Charles byth wedi dychmygu y byddai'r un gymdeithas yn brysur heddiw, ddau gan mlynedd yn ddiweddarach. Ei henw yw Cymdeithas y Beibl neu'r Feibl Gymdeithas fel 'rydym ni'r Cymry'n arfer ei galw. Wrth gydweithio â Chymdeithasau Beiblau mewn gwledydd eraill mae wedi cyfieithu'r Beibl i dros dri chant o ieithoedd, a rhannau o'r Beibl i dros fil a hanner o ieithoedd. Ond mae llawer mwy o waith i'w wneud cyn i'r dydd wawrio pan na fydd neb yn gorfod cynilo mor hir, na cherdded mor bell ag a wnaeth Mari Jones. Efallai, ryw ddydd, y daw arwyddair Cymdeithas y Beibl yn wir - "Beibl i bawb o bobl y byd."

ŴYN BACH MELANGELL

"Na, na, na! Wna i ddim"
Roedd tad Melangell am iddi briodi un o dywysogion Iwerddon, ond gwrthod wnâi hi bob tro. Er ei bod hi'n dywysoges ei hun, allan yn yr awyr agored yr hoffai hi fyw, nid mewn rhyw gastell tywyll, oer. Anifeiliaid gwyllt ac adar oedd ei ffrindiau gorau a byddai pob un yn dod ati heb ofn o gwbl. Roedd yn gas ganddi bob tywysog am eu bod yn mwynhau hela anifeiliad diniwed a gwyllt.

Druan o Melangell. Y tro yma roedd ei thad yn benderfynol y byddai'n rhaid iddi fod yn ufudd iddo. Felly doedd dim ond un peth i'w wneud - dianc o Iwerddon mewn llong a dod drosodd i Gymru i chwilio am gartref newydd. Wedi glanio yng Ngwynedd a cherdded i'r dwyrain, fe ddaeth hi o'r diwedd at fynyddoedd y Berwyn ym Mhowys. Yno daeth o hyd i ddyffryn tawel, hyfryd ac yn mhen draw Pennant fe benderfynodd godi eglwys i Dduw. Roedd hi am ddiolch iddo am ei hachub a'i chludo dros y môr yn ddiogel.

"Dyma le gwych i mi ac i'r holl anifeiliad i fyw mewn heddwch. Fe fyddwn ni i gyd yn ddiogel yma," meddai wrthi ei hun.

Yn anffodus roedd tywysogion yng Nghymru hefyd yn hoff iawn o hela. Un o'r rhain oedd Brochwel Ysgithrog, tywysog Powys. Un diwrnod roedd ef a'i ddynion allan yn hela llwynog, ond heb lwyddo i weld yr un drwy'r dydd.

"Fe wn i beth wnawn ni," meddai un o'i ddynion o'r diwedd. Roedd yn gweld golwg blin iawn ar y tywysog ac am wneud ei orau i'w blesio.

"Beth felly?" holodd Brochwel yn swta.

"Mynd i hela'r ysgyfarnog"

"I beth awn ni i hela honno? Mae digon ohonyn nhw ar hyd a lled y wlad."

"Oes, ond yn ardal Pennant maen nhw'n dweud fod yna ysgyfarnog wen."

"Ygyfarnog wen. Fe fyddai honno'n werth ei chael. Dewch, i ffwrdd â ni!"

Carlamodd y ceffylau i fyny'r dyffryn a chyn bo hir fe gododd y cŵn hela drywydd ysgyfarnog. Tybed ai'r un wen oedd hi?

Dacw hi yn rhedeg yn gyflym i ffwrdd oddi wrth y cŵn, unwaith y clywodd hi eu sŵn yn y pellter. Gwaeddodd y dynion, gan yrru'r ceffylau ar garlam gwyllt a chwythu'r corn hela i annog y cŵn yn eu blaenau.

Druan o'r ysgyfarnog fach wen! Roedd hi'n dianc am ei bywyd, ond yn rhy bell o'i chartref i'w gyrraedd cyn i'r cŵn ei dal. Ymlaen ac ymlaen â hi, heb wybod i ble i ffoi. Clywai sŵn yr helfa o'r tu ôl iddi, yn dod yn nes ac yn nes o hyd. Gwnaeth ei gorau i gyflymu, ond gwyddai ei bod yn dechrau blino. Roedd hi ar ben arni!

Clywodd Melangell y sŵn hefyd. Sŵn corn hela a charlam ceffylau yn dod o bell. Yna lleisiau dynion yn gweiddi'n groch a chŵn yn udo. O, na! meddyliodd. Oedd dynion yn hela anifeiliaid bach diniwed yma hefyd, fel yn Iwerddon? A hithau'n meddwl ei bod wedi dianc i le diogel.

Yna gwelodd fflach o wyn yn dod tuag ati. Plygodd i lawr a neidiodd yr ysgyfarnog yn syth i'w breichiau. Wrth afael ynddi'n dynn, teimlai Melangell ei chalon fach yn curo'n wyllt a'i chorff yn crynu, ond fe wyddai'r ysgyfarnog ei bod yn ddiogel o'r diwedd. Closiodd o dan fantell ei ffrind yn hapus, heb ofni'r cŵn ffyrnig oedd yn dod yn nes ac yn nes o hyd. Yna digwyddodd rhywbeth rhyfedd iawn. Safodd pob ci yn stond a gorwedd i lawr yn dawel o flaen Melangell.

"Beth sy'n bod ar y cŵn? Canwch y corn! Gyrrwch nhw yn eu blaenau!" gwaeddodd Brochwel. Cododd yr heliwr y corn i'w geg a chwythu, ond doedd dim sŵn yn dod ohono.

"Pwy ydy'r ferch yma?" holodd y dynion ei gilydd mewn penbleth. Roedd Brochwel wedi gwylltio'n arw erbyn hyn, ond gwrthodai'r cŵn yn glir â mynd yr un cam yn nes at y ferch hardd oedd yn sefyll yn dawel o'u blaenau.

"Rwyt ti wedi difetha'r hwyl i gyd" meddai Brochwel wrthi'n gas.

"Nid hwyl ydy hela anifeiliaid diniwed," oedd ateb Melangell.

"Fi biau'r tir yma, felly fi biau'r anifeiliaid i gyd hefyd," mynnodd yntau.

"Na, nid chi biau'r tir na'r anifeiliaid," meddai hithau'n dawel. "Duw piau popeth ac mae am i mi ofalu am ei greaduriaid i gyd. Cofiwch beth ddywedodd Iesu Grist:

'Myfi yw'r bugail da. Y mae'r bugail da yn rhoi ei fywyd dros y defaid. Yr wyf yn adnabod fy nefaid, a'm defaid yn fy adnabod i.'

Rwyf innau'n adnabod yr anifeiliaid i gyd ac yn gofalu amdanyn nhw. Mae hon fel oen bach i mi a chewch chi ddim gwneud niwed iddi."

Safodd Brochwel yn fud, wedi ei syfrdanu. Rhaid fod hon yn ferch arbennig a sanctaidd iawn, gan fod hyn yn oed y cŵn yn ufuddhau iddi. Roedd yn ddrwg ganddo iddo fod mor gas wrthi ac fe roddodd y tir ym Mhennant iddi i godi eglwys yno. Yn fwy na hynny fe roddodd orchymyn nad oedd neb i hela anifeiliaid yn y dyffryn hwnnw byth wedyn.

Os ewch chi i Bennant Melangell heddiw fe welwch chi eglwys hardd yno, gyda'r stori yma wedi ei cherfio ar sgrîn o bren. Ymhen amser fe ddaeth Melangell yn nawdd sant yr ysgyfarnogod ac yn yr ardal honno mae rhai pobl yn dal i alw'r anifeiliaid hynny yn "ŵyn bach Melangell".

SANT BEUNO A'R GYLFINIR

Welsoch chi nyth y gylfinir erioed? Naddo?

Wyddoch chi pam mae'n un mor anodd ddod o hyd iddo?

Mae hen, hen chwedl yn dweud mai Sant Beuno sydd yn gyfrifol am hyn. Clynnog Fawr oedd cartref Beuno ac mae eglwys fawr hardd yn y pentref heddiw i gofio amdano. Mynach a sant oedd Beuno a byddai'n teithio o gwmpas y wlad i ddysgu pobl am Dduw.

Un diwrnod roedd am groesi'r môr i Ynys Llanddwyn i bregethu. Cerddodd i lawr i'r traeth lle'r oedd pysgotwyr yn disgwyl amdano, yn barod i'w gludo drosodd i'r ynys.

"Mae'r môr yn edrych yn arw heddiw" sylwodd Beuno wrth gamu i mewn i'r cwch.

"Ydy, ond mae'r hen gwch yma'n ddigon cryf i fynd â ni drosodd yn ddiogel," meddai'r pysgotwr, gan syllu draw at yr ynys yn y pellter.

"Rhaid imi afael yn dynn yn fy llyfr pregethau" meddai Beuno wrtho'i hun, wrth deimlo'r tonnau yn codi'r cwch bach yn uwch ac yn uwch o hyd.

"Daliwch eich gafael," galwodd y pysgotwr, gan rwyfo'n

galed i gadw'r cwch rhag mynd i bob cyfeiriad.

Eisteddodd Beuno yn ufudd ym mlaen y cwch, ei ddwylo'n gafael yn dynn yn y sedd bren o dano. Yna'n sydyn daeth ton enfawr gan daflu'r cwch i un ochr. Cafodd Beuno ei daflu hefyd a llithrodd y llyfr o'i law gan ddiflannu dros ymyl y cwch i'r dŵr.

"Fy llyfr i! Fy llyfr i!" gwaeddodd y sant, gan geisio plygu drosodd i'w achub. Ond roedd y tonnau wedi cario'r llyfr gwerthfawr yn ei gâs lledr yn rhy bell. Ni allai Beuno wneud dim ond syllu arno'n drist, yn diflannu ac yna'n dod i'r golwg ar frig y don nesaf.

"Mae fy neges i gyd yn y llyfr bach yna," meddai'n drist. "Wn i ddim sut y galla i bregethu hebddo."

"Fe wna i fy ngorau i rwyfo tuag ato," meddai'r pysgotwr, gan ddefnyddio ei holl nerth i geisio gael y cwch yn nes. Ond roedd y môr yn gryfach na'r pysgotwr druan ac ni allai yntau wneud dim ond ei wylio'n mynd yn bellach ac yn bellach o hyd.

Yna'n sydyn daeth aderyn i lawr o'r awyr, gafael yn y llyfr yn ei grafangau a chodi i'r awyr drachefn.

"Pa aderyn ydi hwnna?" gwaeddodd Beuno yn llawn cyffro.

"Y gylfinir! Mae'n lladrata eich llyfr chi!"

Roedd y pysgotwr wedi gwylltio'n lân wrth weld yr aderyn digywilidd yn mentro gwneud y fath beth. Syllodd Beuno ar y gylfinir a daeth gwên i'w wyneb.

"Na, achub fy llyfr i y mae'r aderyn caredig," meddai'n llawen. "Nid ei ladrata. Edrych, mae'n glanio ar y graig fawr acw."

"Ydy, wir. Ac yn gosod y llyfr yn ddiogel arni. Welais i erioed y fath beth o'r blaen"

Roedd y pysgotwr wedi synnu, ond nid felly Beuno. Fe wyddai'n iawn mai Duw oedd wedi anfon y gylfinir i'w helpu. Cododd ei ben i wylio'r aderyn yn troi yn yr awyr ac yna'n hedfan yn ôl i'r tir.

"Diolch i ti," gwaeddodd ar ei ôl. Yna, wrth i'r cwch nesu at y graig, plygodd dros yr ochr i estyn am ei lyfr. Wedi ei gael yn ddiogel, aeth i lawr ar ei liniau yn ngwaelod y cwch.

"Diolch i ti, O Dduw," gweddiodd, "am anfon yr aderyn i'm helpu i. Bendithia'r gylfinir a'i gadw'n ddiogel rhag pob perygl. Am iddo gadw fy neges i'n ddiogel heddiw."

A dyna pam, medden nhw, y mae hi mor anodd dod o hyd i nyth y gylfinir.

Blynyddoedd goleuni

Rywle, rhwng y sêr yn gwibio
a chlywed yr haul yn mynd heibio,
mae lleuadau llawn
a'r gofod sydd rhyngom a'r rheini
sydd fel rhwng gwawr a geni -
does neb yn siŵr iawn.

Pellter o'n cyrraedd yw hwnnw;
dyw milltir i fyny acw
ddim fel milltir tir
a gwyddom, does wiw i ninnau
fentro dal ein canhwyllau
at yr haul yn hir.

Nid amser y sêr yw'n siwrnai
a bywyd y tu draw i'n beudai
yw'r melyndra maith;
fedrwn ni ddim cyfri
sawl mileniwm o oleuni
sydd ar y daith,

dim ond cyfri sbarcs canrifoedd,
mesur tân gwyllt ein misoedd-
mae hynny'n rhwydd,
ac addurno'r awr dywyllaf
pan fydd y golau cyntaf
yn dathlu'i benblwydd.

Myrddin ap Dafydd.

Gweddi dros y Mileniwm

Ein Tad nefol
diolch i ti am anfon Iesu dy Fab
i'n byd ni dwy fil o flynyddoedd yn ôl
ac am y stori ryfeddol
am bopeth a wnaeth.
　Diolch i ti am bobl
a fu'n caru a dilyn Iesu
dros y blynyddoedd
y mae eu storïau yn esiampl i ni.
　Helpa ni heddiw
i adael iddo blethu ei gariad
i mewn i stori ein bywydau ni.
AMEN.

　　　　　Elfed ap Nefydd Roberts

"GADEWCH I BLANT BYCHAIN DDYFOD ATAF FI"

Caryl Parry Jones

Dwi'n cofio'n iawn sefyll yn set fawr Capel Wesla Bethania, Ffynnongroyw ac yn adrodd yr adnod adnabyddus:
"Gadewch i blant bychain ddyfod ataf fi ac na waherddwch iddynt, canys eiddo y cyfryw rai yw teyrnas Nefoedd".

Mae'n rhaid i mi gyfaddef i mi ddefnyddio'r un adnod sawl gwaith wedyn mewn amryw o gapeli ond yn ddiweddar, efallai am fy mod yn fam i bedwar o blant erbyn hyn, y mae'r adnod yn golygu llawer mwy i mi.

Mae'n taro ar ddau beth; i ddechrau, mae'n cyffwrdd â meddwl diniwed plentyn a chyn lleied o falais ac o ddrwg sydd o fewn y meddwl hwnnw. Efallai mai dyma oedd gan Iesu Grist, rhyw ddyheu am i ni beidio ag anghofio'r diniweidrwydd yna oedd yn gymaint rhan o bob un ohonom ni.

Ond yn ail, mae'r "na waherddwch" yn ein hatgoffa na ddylid sathru ar ysbryd ac antur yr ifanc. Sawl tro'r ydan ni'n clywed oedolion yn cwyno am "Bobol ifanc y dyddiau yma . . ." heb gofio, wrth gwrs, eu bod nhw wedi bod yn ifanc unwaith a bod oedolion eu cyfnod wedi dweud yn union yr un peth amdanyn nhw!

Y gwir amlwg yw mai syniadau a dyheadau ein plant a'n pobl ifanc ni sy'n llywio'r dyfodol a phechod fyddai tagu'r ysbryd hwnnw . . ."na waherddwch iddynt".

"FE AETH NAIN I FETHLEHEM"

Mici Plwm

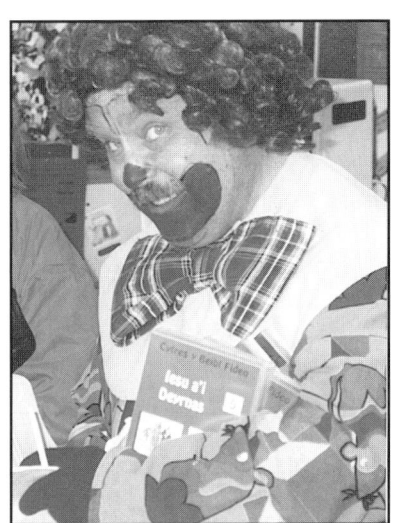

Heb os fy hoff stori o'r Beibl ydi 'Stori'r Nadolig'.
Dros y blynyddoedd fel miloedd ar filoedd o blant y byd, sydd eleni yn dathlu'r Mileniwm, fe gefais innau'r fraint pan yn blentyn o actio un o gymeiriadau y ddrama fawr yma. Do fe fum yn un o'r praidd; yn un o'r bugeiliaid a hefyd yn un o filwyr Herod! Mae'n bwysig cofio bod pob un o'r cymeiriadau yn Nrama'r Geni yn bwysig iawn, hyd yn oed 2000 o blynyddoedd wedi'r digwyddiad.

Yn ystod y flwyddyn arbennig ac unigryw yma - Y Mileniwm, tra'n chwilota mewn siop lyfrau ail-law fe ddois i ar draws llyfryn bach lliwgar sy'n rhoi tamad arall o'r ddrama inni; a dyma hi:

Dwy fil o flynyddoedd yn ôl mewn gwlad oedd ymhell iawn o Gymru fe anwyd babi mewn stabal. Enw Mam y babi oedd Mair . . .

Ond mae pawb yn gwybod y stori yma yn barod. Ond lydi pawb ddim yn gwybod nad Bugeiliad a'r Tri Gŵr Doeth oedd yr unig ymwelwyr y noson honno.

Yn brysio tuag at y stabal ar eu ceffyla a throl roedd Mam a

Tad Mair, sef Nain a Taid Iesu. Doedd dim posib gadael Reuben y ci anwes adra felly fe ddaeth yntau ar y daith hefyd. Hen gi blewog a blêr oedd Reuben ac er ei fod yn drewi mymryn roeddent yn hoff iawn ohono.

Roedd Reuben yn byw hefo'r teulu ers pan oedd Mair yn ferch fach iawn.

Mi wyddai fod yna rhywbeth yn mynd i ddigwydd.

Roedd yna rhywbeth yn eu denu i Stabal ym Methlehem, ac yn ôl Tad Mair 'doedd dim posib stopio Nain rhag teithio yno.

"A da o beth hynny" meddai Mam Mair wedi edrych o gwmpas y stabal.

"Joseff! Be goblyn oedd ar dy ben di yn dod â Mair ar ffashiwn siwrna ar babi ar fin cael ei eni?"

"Bobol bach - buwch ydi hona yn fana?" holodd wedyn.

"A phwy goblyn ydi'r hen ddynion 'ma? Ac o ble goblyn doth y mul 'na? Welis i erioed y ffashiwn beth, naddo wir!"

"Paid a gwylltio, cadw dy lais i lawr" meddai Tad Mair.

"Tyd i weld y babi. Mae o'n real boi ac yn yr rhun ffunud a Mair ni"

"Iawn gad imi weld o ta'"meddai Mam Mair.

"O Mair, tydio'n gariad bach llond i groen"

"Ma gyno fo dy lygid di, oes yn wir"

"Pwy di hogyn 'i Nain ta?"

Tra roedd Nain yn cael golwg ar y babi doedd Reuben y ci a'r Tri Gŵr Doeth ddim yn cyd-dynnu o gwbwl! A deud y gwir doedden nhwythau ddim yn hoff iawn o Reuben chwaith!

Y cwbwl roedd Reuben wedi i wneud ers cyrraedd y stabal ym Methlehem oedd cyfarth a chwyrnu ar y tri ohonynt.

Roedd Reuben wedi cydio'n dynn hefo'i ddannedd yng nghlogyn yr hynaf o'r tri gŵr doeth nes y rhwygodd. Fe geisiodd un ohonynt rhoi cic slei iddo, ond fe sylwodd Nain Iesu, ond dim mewn pryd.

"Dyna ni" meddai gan glapio'i dwylo er mwyn cael tipyn o drefn.

"Diolch am ddwad, ac am y presanta hyfryd 'ma; ond dyla chi i chychwyn hi am adra, ma Mair angen gorffwyso.

A chytuno heb ddweud fawr ddim wnaeth y tri gŵr doeth.

Doedd 'na fawr yn 'ddoeth' yn y presanta 'na ddaetho nhw

i'r babi" medda Nain, gan gau drws y stabal yn glep ar eu hola.

"Ma Taid a finna'n meddwl y basa hi'n syniad da fasa ni'n rhoi pram iti"

"Joseff, dwi'n meddwl y basa'r mûl ar fuwch yna yn llawar gwell allan o'r stabal 'ma; wyt ti?" medda Nain mewn llais 'deud' yn hytrach na 'gofyn'!

Heb os roedd Joseff yn hapus iawn o weld ei fam yng nghyfraith ac yn union dyma fo'n cytuno.

"O Ce Nain, unrhywbeth 'da chi'n ddeud"

Roedd hyn yn ei phlesio'n fawr a thra'n gwenu'n braf dyna hi'n pwyso dros y babi a cosi'i fol yn ysgafn.

"Pwy di hogyn spesial Nain ta? Ia, pwy 'di' hogyn da spesial i Nain?"

Gwenodd Iesu a gwneud twrw hapus tra'n cael ei gosi'n ysgafn.

"Yli Taid" meddai Nain "mae o'n falch iawn o'n gweld ni. A does ryfadd nagoes hefo'r holl bobl ddiarth o gwmpas y bore 'ma"

"Rwan ta Mair nghenath i, ynglŷn â'r oen yma. Roedd y bugeiliaid yna yn garedig iawn yn dwad a fo ond tyfu'n ddafad wneith o a ble nei di gadw fo?"

"Fe gawn ni'r r'un trafferth a chawso ni hefo'r mochyn bach cwta'na eto dwi'n siwr."

"Gwrandwch" medda Nain wrth y bugeiliaid, tra'n dal y drws iddyn nhw adael. Mi fasa llawer gwell tasa chi'n mynd a'r oen 'ma yn ôl o ble ddaeth o, iawn."

Doedd Iesu a Mair ddim yn edrych yn rhy hapus . . .

"Wyddo chi be" medda Taid. "Fe fydda'r oen 'ma yn medru rhannu stabal yr hen geffyl 'cw a wedyn mi fasa Iesu yn cael chwara hefo fo pan ddoith e ar ei holidês."

"O iawn y swnyn" medde Nain "ond cofia di, chdi fydd yn edrych ar ei ôl o, nid y fi"

"Fe edrychith y ddau ohonyn ar ei ôl o; Iesu a finna" meddai Taid gan ei godi i'w freichiau.

Eisteddodd Nain wrth ochr Mair . . .

"Wel Mair" meddai, "rhaid cyfadda roeddwn i yn poeni braidd ac am i bopeth fod yn berffaith i'n ŵyr cynta ni. Ond deud y

gwir ma hyn yn neis iawn. Dim ond y teulu o'r diwedd.
"Reuben! Nei di adael i'r oen 'na fod!"
"Rhyfedd hefyd" medda Nain toc . . .
"Tydio ddim yn cymryd at fabis fel arfar, ond mae o i weld yn reit hoff o Iesu ni"
"Tydi'r sêr yn edrych yn hyfryd heno 'ma" medda Nain
"Ma nhw fel tasa nhw'n disgleirio'n sbesial i Iesu yn tydyn; o gwrandwch arna i, dyna Nain wyrion ydwi! A nôs da i titha Iesu - hogyn bach spesial dy Nain. Duw a'th fendithio' di ngwas i"

STORI'R PETHAU COLLEDIG

Angharad Tomos

Fedrwch chi gofio bod ar goll erioed? Os gallwch, fedrwch chi gofio pa mor falch oeddech chi pan ddaeth rhywun o hyd i chi? Os ydych chi fel fi, 'rydych chi'n sobr am golli pethau dragwyddol, ac 'rydw i wrth fy modd pan ddof o hyd iddynt unwaith yn rhagor. 'Rydw i'n poeni'n arw nes mod i'n ei gael yn ôl, ac yna'n rwy'n hapus eto. Ysgrifennais stori am Mursen y gath yn mynd ar goll, a rhaid oedd adrodd yr hanes fel y bu pawb yn chwilio'n ddyfal amdani a sut y daeth y Dewin Dwl o hyd iddi ar lein ddillad.

Stori am golli a chael yw'r un yn Luc 15 (adnod 3 i 10), stori'r ddafad golledig. Iesu yn adrodd y ddameg sut yr oedd gan y bugail gant o ddefaid a sut y collodd un ohonynt. Doedd o ddim yn fodlon ar gael naw-deg-naw, rhaid oedd dod o hyd i'r un oedd ar goll.

Gadawodd y gweddill a mynd i chwilio amdani. Chwiliodd a chwiliodd nes ei chael, ac wedi dod o hyd iddi, rhoddodd y ddafad ar ei ysgwydd ac roedd llawenydd mawr pan ddaeth â hi adref.

Yna cawn stori y darn arian colledig. Yr oedd gwraig efo

deg darn o arian a chollodd un ohonynt. Doedd o ddim cysyr iddi hi fod ganddi naw ar ôl, rhaid oedd dod o hyd i'r un ar goll. Yn fawr ei phryder, goleuodd gannwyll, 'sgubodd y tŷ drwyddo ac ni roddodd y gorau iddi nes ei gael. Dyna hapus oedd hi wedyn!

Wedi dweud y ddameg hon, mae Iesu yn dangos mai un fel y bugail ydi Duw, neu fel y wriag, a gollodd y darn arian. Mae o'n chwilio yn ddyfal amdanom, ac nid yn fodlon nes ein cael. Efallai ein bod yn teimlo weithiau ein bod mor ddrwg neu ddiwerth fel nad ydi Duw yn hidio dim amdanom, ac nad ydi o eisiau ein adnabod. Efallai y byddwn ni'n pellhau cymaint oddi wrtho fel ein bod yn ei anghofio. Bryd hynny 'rydym fel y ddafad neu'r darn arian - ar goll ac yn methu gwneud dim i helpu ein hunain.

Ar adegau felly, cysur yw gwybod fod Duw fel y bugail neu'r wraig â'r darn arian. Bydd yn dal ati i alw ein henw a 'sgubo'r byd nes ein cael. Wedi iddo ddod o hyd inni, ac wedi i ninnau dderbyn Duw, mae yna lawenydd ofnadwy yn y nefoedd. Pan ddaw hi'n amser blin arnom, peidiwn a bod ofn dweud bod ddrwg gennym wrth Dduw, a chawn ein derbyn â breichiau agored.

Y MAB AFRADLON

T Llew Jones

Un diwrnod yr oedd Iesu Grist yn dysgu'r bobl am gariad Duw, ac er mwyn dangos fod Duw yn dal i garu, hyd yn oed y rhai sydd wedi troi cefn arnno, fe adroddodd y stori hon wrthyn nhw.

Un tro roedd tad a chanddo ddau fab. Ffermwr cyfoethog oedd y tad - yn byw mewn tŷ hardd. Roedd ganddo lawer o dir a gwartheg a defaid, a llawer o weision yn gweithio yn y caeau.

Carai'r ffermwr ei ddau fab yn fawr iawn, ond er bod byd da ar y ddau fachgen, ac er bod ganddynt bopeth i'w gwneud yn hapus, doedden nhw ddim yn garedig tuag at ei gilydd. Fe fydden nhw'n cweryla â'i gilydd yn aml, a byddai un yn beio'r llall am rywbeth o hyd.

Teimlai'r tad yn drist iawn wrth weld hyn, ond ni ddywedodd yr un gair. Yna, un diwrnod daeth y mab ieuenga at ei dad, ac meddai wrtho.

"Nhad dwy'i ddim yn hapus o gwbwl. Rwy'i wedi blino ar fyw ar y fferm yma. Rwy'i am fynd i ffwrdd i wlad bell i wneud fy ffortiwn. Felly rwyn gofyn i ti roi i mi fy siâr o'r cyfoeth sydd gennyt ti."

"Na!" meddai'r tad yn drist; "rwy'i am i ti aros yma gyda ni, a phan fydda'i wedi mynd yn hen fe fydda i'n rhannu'r cyfan sydd gennyf rhwng dy frawd a thithau."

Ond nid oedd y bachgen am wrando. Roedd e'n benderfynol ei fod yn gadael ei gartref. Wedi gweld hyn, aeth y tad ati i rannu'r cyfan oedd ganddo rhwng ei ddau fab.

Am rai diwrnodau wedyn bu'r bachgen yn brysur iawn yn paratoi i fynd i ffwrdd. Yna, pan oedd popeth yn barod, neidiodd ar gefn ei geffyl ac i ffwrdd ag e. Safai'r tad ar garreg y drws yn gwylio'i fab yn mynd i lawr y llwybr oedd yn arwain i'r ffordd fawr. Bu'n aros yno'n hir, nes oedd ei fab a'r ceffyl wedi mynd yn ddim yn y pellter. Yna aeth yn ôl yn hiraethus i'r tŷ, gan deimlo'n siwr ei fod wedi colli ei fab annwyl y diwrnod hwnnw.

Aeth y bachgen ar ei daith yn llawen. Roedd y byd mawr o'i flaen ac roedd ei bocedi'n llawn o aur ac arian. Crwydrodd ymlaen o le i le, gan aros tipyn yn y trefi mawr ar ei ffordd. Roedd y trefi hynny'n lleoedd crand iawn, ac fe wariodd y bachgen dipyn o'i gyfoeth ym mhob un ohonyn nhw. Heb yn wybod iddo roedd yr arian a'r aur yn mynd yn llai ac yn llai. Ond roedd e'n cael amser da. Doedd dim byd arall yn cyfri. Tra bod ganddo ddigon o gyfoeth roedd ganddo ddigon o gyfeillion a theimlai'n hapus iawn.

Un diwrnod fe gyrhaeddodd ddinas prydferth iawn a phenderfynodd wneud ei gartref yno. Prynodd dŷ braf ag arian ei dad a phrynodd ddillad crand iddo'i hunan - a dechrau byw fel gŵr bonheddig. Bob nos deuai ffrindiau i'r tŷ ato i wledda ac i yfed. O, roedden nhw'n hapus!

Yna deffrodd un bore a darganfod fod ei arian wedi mynd i gyd! Doedd ganddo ddim o gyfoeth ei dad ar ôl!

Ar y dechrau ni allai gredu fod y cyfan wedi mynd. Wedyn eisteddodd i lawr i feddwl. Dechreuodd grïo. Dyma fe mewn gwlad bell yn gardotyn tlawd heb arian i brynu dillad iddo'i hunan. Ond ymhen tipyn fe gododd ei galon. Fe fyddai popeth yn iawn! Fe fyddai ei gyfeillion newydd yn siwr o'i helpu

Ond yn wir i chi, pan ddeallodd rheini fod ei gyfoeth wedi mynd, fe giliodd pob un ohonyn nhw - fel niwl y bore!

Bu rhaid iddo werthu ei dy crand a'i ddillad costus, ac yn y diwedd bu rhaid iddo fynd allan i edrych am waith. Ond yn y ddinas hardd doedd dim gwaith i'w gael i fab y ffermwr cyfoethog. I wneud pethau'n waeth fyth, fe ddigwyddodd fod newyn yn y wlad ar y pryd, ac roedd bwyd yn brin ac yn ddrud.

Dechreuodd grwydro o le i le ac erbyn hyn doedd ganddo ddim ond carpiau i'w gwisgo, a chredai pawb a'i gwelai mae trempyn ydoedd.

Ond o'r diwedd fe lwyddodd i gael gwaith. Ond wfft i'r gwaith a gafodd! Hwnnw oedd edrych ar ôl moch rhyw ffermwr oedd yn byw yn y wlad honno. Ni thalai'r ffermwr fawr ddim iddo ac ni chai ddim i fwyta ond bwyd y moch.

Ac yn y caeau gyda'r moch fe gofiodd y bachgen am ei dad ac am ei gartref. Do, fe gofiodd am ei dad a oedd bob amser wedi bod mor garedig tuag ato.

"Sut y mae pethau heno yn nhŷ fy nhad" meddai wrtho'i hunan. "Rwy'n siwr fod y gwas bach lleia' ar fferm fy nhad yn cael gwell cyflog na fi, ac yn cael ei wala o fwyd." Bu'n meddwl yn hir am ei gartref, a oedd yn awr mor bell. Yna cododd yn sydyn ac meddai,

"Rwy'n mynd . . . yn ôl at fy nhad ac rwy'n mynd i ddweud wrtho: Nhad, rwy'i wedi bod yn fachgen drwg iawn, a dwy'i ddim yn deilwng mwy i fod yn fab i ti. Ond os gweli di'n dda, gad i mi fod yn was cyflog ar y fferm - yn un o'r gweithwyr."

Yna gadawodd y moch a cerdded tuag adre i dŷ ei dad.

Fe dreuliodd amser hir ar y daith a dioddefodd lawer gan newyn a syched. Ond o'r diwedd fe ddaeth i olwg ei gartref. Erbyn hyn edrychai'n debyg i fwgan brain yn ei garpiau truenus.

Roedd ei dad, druan, wedi bod yn edrych lawer gwaith i gyfeiriad y ffordd fawr mewn gobaith gweld ei fab yn dod yn ôl. Roedd e'n edrych i'r un cyfeiriad y bore hwnnw, a gwelodd y trempyn carpiog yn nesau.

Ac yn sydyn, er ei fod ymhell oddi wrtho, fe wyddai'r tad pwy oedd y crwydryn bawdlyd oedd yn dod tuag ato. Gwyddai rywsut mai ei fab ydoedd, ar waetha'r gwallt hir a'r dillad oedd yn dyllau i gyd.

Ar unwaith rhedod i gyfarfod y bachgen a'i freichiau'n agored i'w gofleidio.

Cudiodd y mab ei wyned mewn cywilydd, ac ni fynnai gael ei gofleidio gan ei dad. Ond roedd ei dad yn siarad ag ef.

"Fy machgen annwyl i! Rwyt ti wedi dod adre'n ôl. Rown i wedi dechrau meddwl na welwn i byth mohonot ti" Yna codod y bachgen ei ben ac edrychodd ar ei dad.

"Nhad " meddai, "rwy'i wedi bod yn fachgen drwg iawn. Dwy'i ddim yn disgwyl i ti fy nerbyn yn nôl byth ragor fel mab i ti. Ond fe fydda i'n ddiolchgar os caf fi weithio ar y fferm fel gwas i ti."

Ond doedd ei dad ddim yn gwrando arno. Yn lle hynny cydiodd yn ei law a'i arwain at y tŷ. Yna galwodd ar ei weision a dweud wrthyn nhw.

"Edrychwch! Mae fy mab wedi dod adre. Dewch a'r wisg orau a gwisgwch hi amdano. Rhowch ddŵr glân iddo ymolchi a gwisgwch esgidiau am ei draed. Rhowch fodrwy aur ar ei fys. Wedyn ewch - lleddwch y llo pasgedig a pharatowch wledd fawr. Galwch y telynorion a'r cantorion! Rhaid i ni fod yn llawen heno, oherwydd mae fy mab, a aeth ar goll, wedi dod adre. Meddyliais unwaith ei fod wedi marw, ond, edrychwch arno, mae e'n fyw ac iach!"

Y noson honno cynhaliwyd gwledd fawr a pharatowyd digon o bopeth da i'w fwyta, ac roedd y neuadd fawr yn olau i gyd.

Edrychodd y bachgen o'i gwmpas a theimlodd yn wironeddol hapus am y tro cyntaf er pan aethai i ffwrdd. Gwenodd wrtho'i hunan, ac meddai,

"Fe deithiais ymhell o'm cartref i chwilio am hapusrwydd. Ond roedd yr hapusrwydd gorau yma yn nhŷ fy nhad wedi'r cwbwl."

STORI IESU YN HELPU DAL PYSGOD
(IOAN 21: 1-14)

Martyn Geraint

Mae 'na nifer o straeon yn y Beibl am bysgota a physgod - sydd yn fy atgoffa i y dylwn i fwyta mwy ohonyn nhw falle? - ond mae'r stori yma yn un arbennig iawn.

Mae'n digwydd ar ôl y croeshoeliad ac ar ôl yr atgyfodiad. Mae'r disgyblion wedi cwrdd â Iesu ers iddo fe atgyfodi, felly mae nhw'n hapus iawn ond mae nhw 'di symud draw o Jerwsalem i Fôr Tiberias. Mae Seimon Pedr yn penderfynu mynd i bysgota ac mae'r lleill oedd yna - yn cynnwys Tomos oedd yn methu credu ar y dechrau bod Iesu wedi atgyfodi - yn mynd gyda fe. Ond y noson honno ddalion nhw ddim byd.

Yn gynnar yn y bore dyma Iesu'n cyrraedd y traeth - ond dyw'r disgyblion ddim yn ei 'nabod e. Mae'n galw arnyn nhw,

"Ffrindie - sdim pysgod gennych chi 'te?"

"Nagoes", yw'r ateb.

"Taflwch eich rhwyd ar yr ochr dde, ac fe ffeindiwch chi rai."

Ac yn wir dyma nhw'n gwneud ond doedden nhw ddim yn

gallu codi'r rhwyd oherwydd pwysau'r pysgod oedd ynddi.
 Yna dywedodd Ioan, sef ffefryn Iesu, wrth Pedr, "Yr Arglwydd yw e!"
 Unwaith glywodd Seimon Pedr hyn, dyma fe'n gwisgo'i glogyn a neidio i mewn i'r dŵr. Dilynodd y disgyblion eraill yn y cwch gan lusgo'r rhwyd llawn o bysgod, achos doedden nhw ddim yn bell o'r lan - tua 100 llath. Pan lanio nhw, fe welon nhw dân yn llosgi gyda physgod yn coginio yn y fflamau.
 Dyma Iesu'n dweud wrthyn nhw, "Dewch a rhai o'r pysgod 'y chi newydd eu dal."
 Dringodd Seimon Pedr ar y cwch a thynnu'r rhwyd i'r lan. Roedd hi'n llawn o bysgod mawr, 153 ohonynt, ond doedd y rhwyd ddim wedi torri o gwbl.
 "Dewch i gael brecwast", meddai Iesu wrthy nhw. Doedd dim rhaid i un o'r disgyblion ofyn "Pwy wyt ti?" - roedden nhw'n gwybod taw'r Arglwydd oedd e. Rhoddodd Iesu fara iddyn nhw a physgod. A dyma'r trydydd tro i Iesu ymddangos i'w ddysgyblion ar ôl iddo fe atgyfodi o'r marw.

PAM Y STORI YMA 'TE MARTYN?

 Wel, gallen i fod wedi dewis unrhyw stori i ddweud y gwir - ac mae 'na nifer fawr ohonyn nhw! Ond o'n i eisie dewis stori anghyffredin, stori newydd i chi falle, stori sy'n dweud rhywbeth newydd wrthych chi hefyd.
 Dwi'n dwli ar yr holl syniad o wyrthiau. Lle mae rhywbeth yn digwydd sydd allan o'r cyffredin, rhywbeth cyffrous sy'n gwneud i chi fynd "Wow!" ar ei ôl e - a chwarae teg mae Duw wedi gwneud cwpwl o rheina dros y blynyddoedd ondo?!
 Pam pysgod?
 Fel wedais i ar y dechrau mae na dipyn o sôn am bysgod yn y Beibl - er enghraifft stori Jona yn cael ei lyncu gan bysgodyn mawr pan oedd e'n trio rhedeg i ffwrdd, a falle'r mwya enwog ohonyn nhw i gyd, sef bwydo'r pum mil gyda dim ond pum torth o fara a dau bysgodyn.

Mae 'na stori arall i gael yn Luc 5 hefyd sydd yn debyg iawn i'r stori hon. Mae'r disgyblion 'di bod yn pysgota drwy'r nos unwaith eto, mae Iesu'n dweud wrthyn nhw am drio eto, dydy Seimon Pedr (sydd yn hollol flinedig) ddim yn siwr ond mae'n trio eto, ac mae nhw'n dal cymaint o bysgod fel bod y rhwydi'n torri'r tro yma. "Cer o 'ma Arglwydd, rwy'n ddyn drwg!" meddai. Ymateb Iesu oedd "Paid poeni, dal pobl fyddi di o hyn allan". Ar ôl y digwyddiad yma mae'r criw yn gadael eu pysgota ac yn dilyn Iesu.

Be' sy' 'di digwydd rhwng y ddau drip pysgota yma 'te?

Wel mae Seimon Pedr a'i gyd-ddisgyblion wedi gwario 3 blynedd gyda Iesu - y boi anhygoel yma sy'n dweud y pethe rhyfedda ac yn gwneud pethe hyd yn oed yn rhyfeddach! Mae nhw 'di gweld Iesu yn cael ei groesawu fel brenin ac yna o fewn wythnos yn cael ei ladd fel drwg-weithredwr. Ac yn ystod y cyfnod yna mae Seimon Pedr wedi troi ei gefn ar Iesu dair gwaith cyn teimlo'n euog tu hwnt ar ôl clywed cân y ceiliog.

Ond yna mae'r disgyblion wedi gweld Iesu eto - rhywsut mae fe 'di dod yn ôl yn fyw! Sydd wedi newid pethau rhywfaint!! Newid pethau i bawb - am byth!!!

OK - BETH YW DY BWYNT DI - BETH WYT TI'N TRIO'I DDWEUD?

Dwi eisie dweud be' sy'n ddiddorol i mi yn y stori.

I ddechre mae'n ddiddorol bod y disgyblion wedi mynd yn ôl i bysgota - o'n i'n meddwl bo nhw wedi cwpla pysgota - ond falle bo hwnna'n dangos bod yn rhaid i rywun weithio er mwyn ennill bywoliaeth ac nid dibynnu ar wyrthiau bob dydd!

Nesa - dwi'n meddwl bo fe'n ddiddorol iawn bo neb wedi adnabod Iesu - er bo nhw wedi'i weld e ddwy waith ers iddo fe atgyfodi ac er bo fe di gofyn iddyn nhw wncud fel wnaeth e yn stori Luc 5 dair blynedd ynghynt. I fi mae'n rhaid bo hwnna'n golygu bod Iesu yn edrych yn wahanol. Ac os oedd e 'di ymddangos ddwy fil o flynyddoedd yn ôl mewn ffurf newydd i'w ffrindie - be sydd i stopio fe neu ryw greadur ysbrydol arall rhag ymddangos mewn ffurf newydd i ni heddiw - mae na straeon am bobl yn cwrdd ag angylion sy'n edrych fel pobl go iawn i gael yn barod - ydy'r straeon yma'n wir? Penderfynwch chi.

Yna - beth am y wyrth ei hun. Falle taw lwc oedd e bo na bysgod ar ochr arall y cwch, falle bod gan Iesu rhyw fath o beiriant "sonar" oedd yn dweud wrtho fe ble oedd y pysgod - cyd-ddigwyddiad fyddai rhai yn ddweud - mae 'na lot o gyd-ddigwyddiadau yn digwydd o gwmpas Iesu.

A beth am y brecwast cynnar yna? Oes eisie bwyd ar rywun sy' 'di codi o'r marw? Dwi'm yn siwr - ond mae angen bwyd ar bobl - ac er fod Iesu, mab Duw, Arglwydd ac achubwr y byd a'r bydysawd yn gallu gwneud unrhywbeth, mynd unrhywle a chwrdd a phwy bynnag mae fe eisie - mae'n dewis gwneud brecwast syml i'w ffrindie ar y traeth. Sy'n cynnwys Seimon Pedr - un o'i ffrindie gorau oedd wedi troi ei gefn arno yn ddiweddar. Ond mae'n amlwg bod Iesu wedi maddau i'w ffrind yn lle dal dig - rhywbeth y gallwn ni gyd ddysgu fanna!

Y DIWEDD?

A dyna ni. Stori syml am drip pysgota yn gynnar, gynnar yn y bore - neu stori am Fab Duw yn mwynhau cwmni ei ffrindie ac yn eu hysbrydoli nhw ar y Ddaear cyn iddyn nhw ddechrau ar y gwaith mawr o bysgota ar gyfer pobl - a chyn iddo fe eu gadael nhw i ddychwelyd yn ôl i'r Nefoedd i baratoi lle ar eu cyfer nhw - a ni. Penderfynwch chi - dwi'n mynd am "fish a chips!"

Hwyl fawr am y tro!

Y SAMARIAD TRUGAROG

Dafydd Iwan

Roedd hi'n noson oer ym mis Ionawr, a'r eira yn isel ar fynyddoedd Eryri. Chwythai'r gwynt drwy Fwlch Llanberis wrth i'r llanc ifanc blygu dros gyrn ei feic, yn barod i gychwyn yr allt i lawr am Nant Peris. Roedd ar ei ffordd o dy ei Nain yng Nghapel Curig yn ôl i'w gartref yng Nghaernarfon.

Yn sydyn, neidiodd dau ddyn i ganol y ffordd o'i flaen a'i orchymyn i stopio. Gafaelodd un ynddo a'i lusgo oddi ar y beic, a'i daflu yn erbyn y wal. "Diolch am y beic, beth bynnag" meddai'r dyn, gyda gwên slei, "rwan beth arall sydd gen ti i ni?"

"Dim, does gen i ddim byd!" meddai'r llanc, gan afael yn ei ysgwydd oedd yn brifo'n arw ar ôl iddo daro'r wal.

"Mi gawn ni weld am hynny!" meddai'r dyn arall, gan afael yn y bachgen ifanc gerfydd ei wallt. Rhwygodd ei got a'i grys oddi amdano, a mynd drwy'r pocedi yn wyllt. "Ti'n iawn, dim yw dim!" gwaeddodd yn ei wyneb.

"Rwyt ti'n haeddu cweir am hyn!" arthiodd y llall, a dechrau dyrnu'r llanc yn ddi-stop. Wedi sawl cernod i'w wyneb, syrthiodd y llanc yn anymwybodol i'r ffos.

"Tyrd!" gwaeddodd un o'r lladron, "mae rhywun yn dod, ac y mae'n amser i ni ddiflannu!", ac ar hynny neidiodd y ddau leidr dros y wal a diflannu i'r creigiau, gan adael yr hogyn ifanc yn griddfan ar fin y ffordd."

Roedd car yn llwybro'n araf drwy'r storm o ben y Bwlch, ac wrth y llyw roedd Cynghorydd Sir amlwg, ar ei ffordd i gyfarfod pwysig yng Nghaernarfon. Fel mae'n digwydd, cyfarfod oedd hwn i benderfynu ar gynllun gwerth deng miliwn o bunnau i ledu'r ffordd drwy Fwlch Llanberis, i wneud y daith yn hwylusach a diogelach i bawb. Pan syrthiodd goleuadau'r car ar gorff noeth y llanc yn y ffos, arafodd y Cynghorydd, ac agorodd ei ffenest i gael golwg well ar y corff.

"Arswyd y byd! Y creadur bach!" dywedodd, gan fwrw'i lygaid ar y creigiau bygythiol uwch ei ben, a'r glaw oedd bellach yn troi yn eirlaw yn chwipio. "Rhaid imi frysio, neu mi gollaf y cyfarfod, a bydd yr hen lôn yma fel yma am byth, a phawb mewn perygl am eu bywydau". Gwasgodd ei droed ar y sbardun, a chyflymodd i lawr y bwlch.

Rai munudau yn ddiweddarach, daeth car arall i'r golwg dros Ben-y-Pas, yn cario'r Esgob ar ei ffordd i Wasanaeth Can-mlwyddiant yn un o eglwysi'r dyffryn. "Arhoswch!" meddai wrth y gyrrwr, pan welodd rywbeth gwyn ar fin y ffordd. "Mae rhywun wedi brifo yn fanna. Atgoffwch fi i ffonio am ambiwlans pan gyrhaeddwn y pentre; ewch ymlaen!" Ac anelodd y car i ddannedd y gwynt, ac i lawr i gyfeiriad y Nant.

Wrth i gar yr Esgob ddiflannu i'r pellter, roedd beiciwr arall yn brwydro yn erbyn y storm ar Ben-y-Pas; roedd ei wallt yn gydynnau hir rastaffaraidd, a'i ddillad yn garpiog. Un o'r *New Age Travellers* ydoedd, ar ei ffordd i *Rave* yn un o chwareli Dyffryn Nantlle. Wrth iddo ddechrau diolch am help yr allt i lawr y bwlch, sylwodd ar y llanc yn gorwedd yn y ffos, stopiodd ar unwaith. Neidiodd oddi ar ei feic, a'i osod yn erbyn y wal, ac aeth at y llanc. Gwelodd fod y bachgen wedi brifo'n arw, a'i fod bron a marw yn yr oerfel, a theimlodd dosturi mawr tuag ato. Tynnodd ei got, a'i rhoi am gorff y llanc; rhwygodd ddarn o'i grys a'i glymu am ei fraich i atal y gwaedu, a rhoddodd lymaid o ddiod iddo o fflasg fach a gariai bob amser ym mag ei feic.

Dechreuodd y llanc ddadrebu rhywfaint, a chododd y teithiwr ef ar ei feic, a'i arwain yn ofalus drwy'r gwynt a'r eirlaw i lawr y ffordd serth a throellog i gyfeiriad Nant Peris. Wedi cyrraedd y pentre' daeth o hyd i lety gwely-a-brecwast, ac wedi peth perswadio ar y lletywr, cawsant le i aros dros nos. Arhosodd y teithiwr wrth erchwyn gwely'r llanc drwy'r nos, i ofalu ei fod yn gyfforddus, a chario diod poeth iddo bob hyn a hyn. Erbyn y bore, roedd y llanc yn llawer gwell, ac eglurodd y teithiwr wrtho y byddai'n gofalu rhoi arian i'r lletywr fel y gallai aros hyd nes byddai'n ddigon da i fynd adre.

"Beth yw dy enw di?" gofynnodd y llanc.

"Pam wyt ti eisiau gwybod?" atebodd y teithiwr.

"Rwyt ti wedi achub 'y mywyd i, ac mi garwn i gael cyfle i dalu'n ôl iti am hyn rhyw ddiwrnod".

"Does dim rhaid iti wybod fy enw; galw fi'n frawd a chymydog, mae hynny'n ddigon", a chyda winc a gwên, diflannodd y teithiwr drwy'r drws.

Y MAB ANNIOLCHGAR

Wynford Ellis Owen

Roedd Sam yn berchennog cwmni gwneud rhaglenni cyfrifiadurol enwog, ac roedd ganddo dau fab Twm a Rhydian. Dechreuodd Sam ei yrfa fel arlunydd, yn gweithio i Hanna Barbera yn yr UDA, ar glasuron fel Tom & Jerry, Road Runner a Scooby Doo. Symudodd yn ôl i Gymru ar ddechrau'r wythdegau, a sefydlodd gwmni cynhyrchu rhaglenni teledu, yn canolbwyntio ar greu rhaglenni plant, yn bennaf, i S4C, yn ogystal â dyfeisio cartwnau ar gyfer gemau cyfrifiadurol. Gyda'r cynnydd mawr mewn gwerthiant cyfrifiaduron yn ystod yr wythdegau a'r galw am sustemau clyfrach, mwy effeithiol, dechreuodd Sam arbenigo, a daeth ei gynnyrch a'i enw yn enwog trwy'r byd i gyd. Datblygodd galw mawr am ei gartwnau ym myd hysbysebu a marchnata yn ogystal â'r teledu, ac roedd y diwydiant pop a ffasiwn pwerus wedi darganfod bod rhai o'i gartwnau yn help iddynt dynnu sylw at eu nwyddau a gwerthu eu recordiau, ac yn arbennig, eu fideos o rai o'r sêr enwog. Erbyn hyn roedd Sam yn filiwnydd. Ond roedd ochr arall i Sam y dyn busnes llwyddianus a'r cartwnydd gwych, roedd o hefyd yn cael ei gydnabod yn gyflogwr teg a charedig, ac roedd gan bawb air da i ddweud amdano. Roedd yn Gristion, ac yn parchu ac yn caru pawb, fel y parchai ac y carai ef ei Dduw.

Roedd ei ddau fab, Huw a Rhydian, yn gweithio i'r cwmni hefyd, fel is-reolwyr ac egin gynhyrchwyr; ond roedd un ohonynt yn anhapus. Nid oedd Rhydian yn gwerthfawrogi dim oedd ganddo. Credai fod y gwair yn y cae nesaf, ys dywed y Sais, bob amser yn wyrddach, a bod llawer mwy i fywyd na gweithio i'w dad o fore gwyn tan nos - er cystal y tâl. Peth arall, roedd arno eisiau arbrofi gyda chyffuriau ac alcohol, fel yr arwyr yr oedd wedi darllen amdanynt yn y cylchgronau pop, a phrofi math gwahanol o fywyd, gyda mwy o gic ac o gyffro yn perthyn iddo. Wrth i'r misoedd droi'n flynyddoedd, felly y tyfodd ac y chwerwodd y teimladau ynddo ef, hyd nes ei fod yn dal dig yn barhaus, bron, tuag at ei frawd hynaf - Twm - a ystyriai yn wimp di-asgwrn-cefn, oherwydd y diffyg uchelgais yn ei fywyd.

Un dydd, cafodd lond bol, ac aeth at ei dad, a gofyn iddo am ei siâr ef o'r cwmni - gwerth 4 miliwn o bunnau. Gwyddai Sam fod Rhydian wedi bod yn anhapus ers peth amser, ond yn gwrthod trafod beth oedd yn ei boeni, felly nid oedd dim pwrpas iddo drio ei berswadio i newid ei feddwl y tro hyn. Ac roedd y tad yn ddigon doeth i wybod bod yn rhaid i'r mab wneud ei gamgymeriadau ei hun mewn bywyd, a dysgu sut i fyw, waeth pa mor boenus byddai canlyniadau'r camgymeriadau rheiny.

Ac felly y bu, daliodd y trên cyntaf i Lundain, prynodd fflat moethus wrth ymyl Edgware Road, a dechreuodd brofi y math o fywyd yr oedd wedi bod eisiau ei fyw tra'n gweithio i'w dad - a gwnaeth ffrindiau newydd, lawer ohonynt, a phob un yn falch o gael cyfaill newydd oedd mor rhydd gyda'i gyfoeth. Meddwodd yn y clybiau nos, daeth ei wyneb yn adnabyddus iawn yn Soho, ac roedd yn cael ei wahodd i'r partïon gorau un, lle ddechreuodd arbrofi a chocâin - yn sugno'r cyffur i'w ffroenau trwy bapurau hanner can punt wedi ei rholio, nôl rhai adroddiadau! Ond buan y gwahanir ynfytun oddi wrth ei arian! Gwerthwyd y fflat o fewn dim i ariannu yr holl gyffuriau yr oedd yn ei cymeryd - ac erbyn hyn roedd yn gaeth i heroin, y math mwyaf caethiwus o'r cyffuriau anghyfreithlon; a dechreuodd ei gyfeillion gefnu arno. Wedi'r cyfan, pwy sydd eisiau adnabod rhywun sy'n cyfogi'n gyhoeddus, ac yn gwneud ffwl ohono'i hun yn barhaus, ac a oedd unwaith yn gyfoethog? Bu'n byw yn un o hosteli Byddin yr Iachawdwriaeth am gyfnod, cyn iddo gael ei fygio a'i guro'n ddidrugaredd gan griw o alcoholion a arferai sgwatio mewn adeilad gwag cyfagos. Torrwyd asgwrn ei foch mewn dau le, yn ogystal â'i drwyn, a bu mewn ysbyty yn anymwybodol am gyfnod, cyn dod ato'i hun, a dychwelyd i'w uffern ar strydoedd oer y ddinas. Arferai fegera yng nghysgod y Tŷ Opera Cenedlaethol newydd ger Covent Garden, gan fwyta'r ffrwythau a'r llysiau drwg a adewid gan y stondinwyr ar gyfer y bridwyr moch i'w troi'n olchion, a gwylio'n genfigennus y cynylleidfaoedd yn gadael wedi nosweithiau o fwyniant cerddorol yn gwrando perfformiadau ysbrydoledig gan enwogion fel Syr Bryn Terfel a'r Fonesig Charlotte Church. Roedd briwiau ar ei wyneb ac yn ei galon, erbyn hyn, a gwyddai nad oedd ganddo lawer o amser yn weddill i fyw, roedd ei iau wedi chwyddo oherwydd y camddefnydd o alcohol a chyffuriau eraill, a doedd dim pwrpas o gwbl i'w fywyd. Nid byw yr oedd Rhydian bellach, ond bod.

Bryd hynny, wrth hercian ei ffordd yn boenus tua'i stondin arferol ger y Tŷ Opera, y gwelodd gartwn ei dad yn cael ei ddangos uwch Piccadilly Circus, ar un o 'r arddangosfeydd lliwgar enwog yno sy'n gymaint nodwedd o'r sgwar. Cartŵn syml ydoedd, i hyrwyddo rhyw gwm cnoi ffasiynol, yn dangos tad a mab yn chwarae pêl droed gyda'i gilydd, a'r tad yn llongyfarch y mab ar sgorio gôl wych. Ar unwaith, sylweddolodd beth oedd yn ei golli. Cofiai ei dad yn dod i'w wylio yntau ar gae yr ysgol ers talwm yn y Blaenau, ac yn bloeddio ei gefnogaeth wrth iddo sgorio sawl gôl, a theimlo'n falch o'i ornest. Cofiodd wedyn, fel y byddai bob amser gariad yn y cartref, ac fel yr ymdrechai'r tad i roi iddo ef a'i frawd, bopeth oedd yn dda, gan forol bod eu lles a'u gofal hwy yn dod gyntaf - hyd yn oed os byddai hynny'n golygu dioddef ambell i chwip dim haeddiannol weithiau! A dyna pryd ddigwyddodd y peth rhyfeddaf. Gwelodd Rhydian ef ei hun fel yr oedd, yn fethiant ac yn ddigysur, heb obaith na chyfaill yn y byd, a gwyddai'n dda na fydda'i ei dad yn trin y dihyrun gwaethaf un fel yr oedd ef yn trin ei hun. A dyna pryd y penderfynodd syrthio ar ei fai, a dychwelyd gartref a gofyn i'w dad am faddeuant. Roedd o wedi dioddef digon, a gwyddai y byddai'n rhaid iddo roi heibio pob balchder, a gofyn am help. A'r unig ddisgwyliad oedd ganddo oedd y byddai ei dad yn ei drin fel un o'i weithwyr efallai, neu o leiaf, yn gofalu y byddai ganddo do uwch ei ben. Ond y rhyfeddod oedd ei fod yn barod i ofyn am help.

Ers i Rhydian adael am Lundain bell, nid oedd bywyd Sam chwaith, nôl yng Nghymru wedi bod yn fêl i gyd. Roedd wedi hiraethu amdano, ac wedi poeni nosweithiau digwsg yn ei gylch yn dychmygu'r gwaethaf - oherwydd yr oedd Sam yn adnabod Rhydian yn dda, a gwyddai fod ganddo'r math o bersonoliaeth a fyddai'n mynd yn ysglyfaeth i bethau gwaela'r byd. Arferai ddeffro yn chwys oer drosto i ateb cyriad dychmygol ar y drws wedi breuddwydio am dderbyn y wybodaeth fod Rhydian wedi ei ddarganfod yn farw mewn rhyw seler flêr, ddinod, a bod llygod a phryfetach wedi bwyta ei wyneb fel na fedrai neb ei adnabod. Yn hytrach na dioddef y math yna o hunllefau, roedd yn well gan Sam aros yn effro drwy'r nos, ac o ganlyniad, wrth gwrs, tros amser, dechreuodd ei iechyd yntau ddioddef. Ond cysyrai ef ei hun, y deuai Rhydian gartref rhyw ddydd, wedi iddo ddioddef digon - a hynny a'i cadwodd ef rhag rhoi fyny ac anobeithio. Hynny, a'r wybodaeth fod Duw hefyd yn gofalu am Rhydian, ac mai plentyn iddo Ef, oedd Rhydian yn y bôn

Ac un noson, cafodd ei ffydd ei brofi'n wir. Roedd yn syllu trwy ei ysbiendrych electroneg yn chwilio'r gorwel am unrhyw arwydd o'i fab, pan adnabyddodd ef. Nid oedd yn debyg iddo'i hun, ond Rhydian ydoedd, gwyddai hynny'n iawn, ac roedd yn fyw - er mewn cyflwr truenus. Rhedodd i'w gyfarfod, a thaflu ei freichiau amdano, a'i gusanu. A dyna pryd y gofynodd Rhydian i'w dad faddau iddo. Dywedodd y cyfan wrtho am yr hyn a wnaeth tra oddi cartref, a chyfaddefodd nad oedd yn haeddu cael ei ystyried yn fab iddo bellach, ond ei fod yn awyddus i wneud iawn iddo, a phawb arall a niweidiodd, gan gynnwys ei frawd mawr, Twm. Cyfaddefodd ei fod yn alcoholig ac yn gaeth i gyffuriau, a gofynodd am help. Gwyddai Sam am Rhoserchan, canolfan driniaeth rhag ddibyniaeth ar alcohol a chyffuriau eraill, ger Capel Seion, wrth ymyl Aberystwyth - derbyniodd wahoddiad i fod yn un o'i noddwyr flynyddoedd ynghynt. Yfory, câi fynd yno i wella at bobl oedd yn deall ei gyflwr yn dda. Ond heno, roedd dathlu i fod.

Pan glywodd Twm, y mab hynaf, fod Rhydian wedi dychwelyd, a bod ei dad yn cynnal parti mawreddog i ddathlu'r achlysur, yn naturiol, teimlai genfigen. Ond wedi i'w dad egluro, fel y bu iddo ofni'r gwaethaf ac na welai Rhydian fyth eto, ond ei fod heno, fel gwyrth, wedi dychwelyd yn ddiogel i'w gartref, deallodd Twm yn syth deimladau ei dad, a bwriodd yntau iddi'n llawen i drefnu'r parti mwyaf, hapusaf, a welwyd yn y parthau hynny o Gymru, erioed. A'r noson honno, roedd pawb yn gwerthfawrogi bopeth oedd ganddynt, ac yn diolch i Dduw am gael y mab anniolchgar yn ôl gartref.

Fel yna, o bosib', y byddai Iesu Grist wedi adrodd dameg y mab anniolchgar pe bai yn troedio Cymry heddiw - yr unig wahaniaeth rhwng fy stori i yw mai ffarmwr oedd y tad yn y gwreiddiol, ac mai i wlad bell, ac nid i Lundain, yr aeth y mab. Dewisais y stori, oherwydd bod llawer iawn o bobl ifanc heddiw, yn anffodus, yn yr un cyflwr yn union a'r mab anniolchgar. Bûm felly fy hun. Yn alcoholig ac yn gaeth i gyffuriau, fel Rhydian, deuthum i at fy nghoed yn Aberystwyth, ar yr 22fed o Orffennaf 1992 - ond yr un fu'r daith yn nôl gartref, a'r un fu'r croeso a llawenydd fy Nhad, a phawb oedd yn fy adnabod, wedi imi gyrraedd.

Dwi wedi dewis y stori hon, oherwydd dwi am i bawb wybod un peth; os y gallwn i a Rhydian ffeindio ein ffyrdd gartref o waelodion anobaith alcoholiaeth a'r ddibyniaeth lwyr ar gyffuriau yna, os digwydd yr un peth i chi, fe fedrwch chithau hefyd. **Mae** ffordd adref, a dydi hi byth yn rhy hwyr i ddechrau'r daith. Cofiwch hynny; a gweddïaf na ddaw y fath anffawd i'ch bywydau chwi, ag a daeth i fywydau Rhydian a minnau - er inni, o'n dau, ddarganfod drwyddynt, yn rhyfedd iawn, bopeth yr oeddem unwaith wedi gobeithio ac wedi breuddwydio amdanynt!

CALEB YR YSBÏWR

Maldwyn Thomas

Roedd Caleb yn fachgen hapus yng ngwersyll yr Iddewon. Caleb oedd ffefryn Moses. Ond yr oedd Moses yn hen, hen iawn. Roedd Moses wedi arwain yr Iddewon am flynyddoedd, trwy ddŵr a thân.

Pobl yn byw mewn perygl oedd yr Iddewon. Yr oedden nhw yn teithio am filltiroedd ac yn byw mewn pebyll. Un noson yr oedd llew wedi lladd tair o ddefaid y bobl, a bwyd mor brin. Ac yna, wythnos yn ôl, yr oedd un o fugeiliaid yr Iddewon wedi cael ei frathu yn ei goes gan neidr fechan dlos. Roedd y bugail yn sgrechian a phawb yn y pebyll yn y gwersyll yn clywed sŵn ei sgrechian. Ac am fod ganddyn nhw ofn i'r neidr frathu eto, yr oedd y mamau wedi tynnu eu plant i mewn i'r pebyll.

Roedd Moses wedi torri'r cnawd drwg oddi ar goes y bugail ac wedi sugno'r gwenwyn a'i boeri ar y ddaear. Ac yna doedd yna ddim sgrechian. Ond mi fu'r bugail farw yn fuan wedyn. Ac ar ôl hynny yr oedd y gwersyll yn dawel.

Ond yr oedd y bobl yn cwyno ar hyd yr amser. Yn sibrwd ac yn sisial trwy'r dydd ac yn y nos hefyd yng ngolau'r tanau o flaen y pebyll.

"Ar Moses y mae'r bai," meddai'r bobl.

"Ar Moses y mae'r bai am ein harwain ni i'r anialwch yma."

"Mi ydan ni wedi blino ar fod heb fwyd."

"Mae Moses yn sôn fyth a hefyd am gyrraedd gwlad newydd a fydd yn gartref i ni."

"Ond pa bryd y byddwn ni'n cyrraedd y wlad newydd?"

"Ble mae'r wlad newydd."

Neithiwr yr oedd Moses a Chaleb yn eistedd o flaen tân. Roedd eu tân nhw ar wahan i'r tanau eraill.

"Mae'r wlad newydd yn agos iawn atom ni, Caleb. Rydan ni bron a'i chyrraedd hi." Roedd llygaid Moses bron a chau. Ond yr oedd llygaid Caleb yn ddisglair.

"Wyt ti'n siwr dy fod ti'n fodlon mynd ar y daith Caleb. Mi fydd hi'n daith beryglus iawn."

"Mi ydw i'n barod i fynd. Mae Duw am i ni fynd i edrych ar y wlad newydd. Dyna'ch geiriau chi."

"Efallai fy mod i ar fai yn dy anfon ar daith mor beryglus."

"Mi fydda i'n iawn."

Roedd Caleb yn syllu ar yr hen ŵr gwallt gwyn yn cyrraedd at ei farf hir, a'r cyfan fel mantell o sidan arian yn ngolau'r tân.

"Cofia na fyddi di ddim ar dy ben dy hun. Mi fydd Josua yn gwmni i ti. A deg o ddynion eraill hefyd."

"Oes raid cael yr holl ddynion? Mi fyddai dau yn ddigon. Un i wylio. Ac un i sbïo."

"Sbïo. Dyna beth fyddwch yn ei wneud Caleb. Deuddeg o sbïwyr yn mynd i edrych ar y wlad newydd."

Roedd fflamau'r tân yn disgyn yn ddistaw i'r lludw.

"Mi wna i'r gwaith. Mi gewch chi wybod pa fath o wlad ydi hi. A sut bobl sydd yn byw ynddi hi."

"Cofia mai ti ydi'r fenga o'r deuddeg Caleb. Ac mi ydw innau mor hen."

"Fyddwch chi byth yn hen. Chi ydi Moses. Dyn Duw. Chi sydd wedi'n harwain ni at y wlad newydd."

"Duw sydd yn arwain. Duw sydd eisiau i ni gael gwybod

am y wlad. Am y tir. A ydi'r tir yn dir ffermio da? Neu a ydi'r tir yn garegog a thenau?"

"Ac mi ydan ni eisiau gwybod am bobl y wlad, hefyd. Gwybod a ydyn nhw'n bobl gryf, yn bobl beryglus."

"Dyna'r cwestiynau pwysig Caleb."

"Mi ydw i'n ysu am fynd. Ac mae Josua yn barod i fynd hefyd. Ond dwn i ddim am y deg arall."

"Cadw di'n agos at Josua. Mae Josua'n filwr da iawn."

"Josua a'i gyllell hir," meddai Caleb.

"Milwr fel Josua ydw inna am fod yn y wlad newydd."

"Ond cofia di Caleb y bydd arnom ni angen ffermwyr yn y wlad newydd hefyd. Milwyr i warchod y wlad. A ffermwyr i wneud y wlad yn gartref i ni."

Roedd Caleb wedi bod yn edrych ar wal fawr y ddinas ers oriau. Ers codiad yr haul, drwy'r dydd hir hyd fachlud yr haul, yr oedd Caleb wedi bod yn craffu ar wal y ddinas. Bellach yr oedd hi'n nos a phobl y ddinas yn cysgu.

Ond bob chwarter awr yr oedd y milwyr i fyny ar wal y ddinas yn galw ar ei gilydd. Roedden nhw'n cerdded ar hyd pen y wal ar hyd y nos. Roedd y milwyr yn gwarchod y ddinas a'i phobl hi.

Roedd y wal yn anferth yng ngolau'r lloer. Galwodd y milwyr ar ei gilydd a dweud bod popeth yn iawn, Edrychodd Caleb ar y wal unwaith eto. Syllodd ar y cerrig ac ar bob hollt rhwng y cerrig. Daeth cwmwl dros y lloer.

Cododd Caleb yn y cysgodion. Rhedodd rhwng y llwyni drain wrth droed y wal. Wedyn, yn sydyn, roedd o yn dringo. A'i ddwylo yn y craciau rhwng y cerrig. A'i draed yn yr holltau. Roedd o' tynnu'i hun i fyny'r wal, heb feiddio edrych i lawr yn ei ôl lle roedd y llwyni drain. I fyny ac i fyny y wal fawr.

Wedyn aros. Yn gafael mewn carreg â'i draed mewn hollt. Roedd chwarter awr wedi mynd. Clywodd Caleb y milwyr yn galw ar ei gilydd i fyny uwch ei ben. Roedd y cysgodion yn dal dros y lloer. I fyny ac i fyny.

Wedyn yr oedd Caleb ar ben y wal. Yn gorwedd ar ei fol a'i galon yn clecian yn awyr y nos a'i anadl yn fyr, fyr. Ceisiodd gyfrif yr amser cyn y byddai'r milwyr yn cerdded ar ben y wal eto. Dau funud? Munud? Roedd yn rhaid gwneud y gwaith yn gyflym, gyflym.

Edrychodd Caleb ar y stryd i lawr yn y ddinas. Roedd yno adeiladau cerrig. A golau melyn y lampau olew yn rhai ohonyn nhw. Gallai weld i mewn trwy ddrws un adeilad. Roedd yno filwyr yn eistedd ar lawr. A rhai yn sefyll. Roedden nhw'n ddynion mawr tal. A'u cysgodion ar y pared yn eu gwneud yn gewri.

Yna clywodd Caleb sŵn traed yn dod ar hyd pen y wal.

Dros yr ymyl, a gafael am y cerrig. Roedd ei fysedd yn y craciau rhwng cerrig pen y wal. Safodd dau o'r milwyr mawr yn union uwchben Caleb. Roedd eu cleddyfau hir yn crafu cerrig pen y wal yn wyn a Chaleb yn gysgod tywyll ar wyneb y wal. Roedd ei ben yn troi. Roedd y chwys yn ei wallt. Roedd y gwaed yn fferru yn ei fysedd. A'r milwyr yn dal i siarad uwch ei ben, a'u cleddyfau'n crafu'r cerrig wrth iddyn nhw siarad a chwerthin.

Dechreuodd Caleb ostwng ei hun o garreg i garreg. O grac i grac. O hollt i hollt. I lawr y wal. Pam nad oedd y milwyr yn edrych tros ymyl y wal a'i weld? Pam ei fod o'n dal yn fyw, yn gostwng ei hun i lawr y wal? Pam na welodd y milwyr mohono yng ngolau gwyn y lloer?"

Wedyn roedd Caleb yn taflu'i hun i ganol llwyn drain ffeind wrth droed y wal. Daeth cysgod dros y lloer. Cododd y bachgen a rhedeg o lwyn i lwyn. O gysgod tywyll i gysgod tywyll arall.

Roedd Josua'n aros amdano yng ngorlan y defaid. Defaid llonydd yn cnoi yng ngolau'r lloer. Doedd yna ddim sŵn heblaw am ambell fref a sŵn y cnoi.

"Mi oeddwn i am ddisgwyl am hanner awr arall a dim mwy. Ble buost ti mor hir?"

Roedd cyllell hir Josua yn ei law.

"Sh! Taw! Sh!"

"Be sy Caleb?"

"Fan acw. Mae yna rywun yn cerdded wrth ymyl y clawdd."

Edrychodd Josua a gweld rhywun yr ochr bellaf i'r gorlan. Roedd yno rywun yn cerdded, yn cerdded tuag atyn nhw. Roedd y defaid yn aflonyddu, a'u brefu nhw'n amlach ac yn uwch.

Rhythodd Josua ar draws y tywyllwch llwyd.

"O ble y daeth hwnna? Welais i neb drwy'r dydd. Na heno chwaith."

"Ti ydi'r milwr Josua. Ti oedd i fod i wylio."

Ac yna roedd sŵn canu croch ar draws y gorlan lwyd. A'r defiad yn brefu'n uwch o hyd.

"Bugail ydi o. Mae'n rhaid ei fod wedi meddwi. Ac wedi bod yn gorwedd yn y gorlan ers oriau. Yn cysgu yn ei ddiod."

"Mae o'n effro erbyn hyn. Ac yn cerdded tuag atom ni." Y canu'n uwch. Y brefu'n uwch. Y defaid yn chwalu o gwmpas y gorlan.

Daeth golau'r lloer a llenwi'r lle. Roedd y person yn gwthio'n galed yn erbyn y defaid. Gallai Caleb weld ffon fawr yn cael ei chodi i'r awyr.

"Mi fydd hwn wedi deffro pawb yn y ddinas," meddai Caleb a throi at Josua. Ond roedd Josua wedi mynd i ganol y defaid. Gwelodd Caleb ei gyllell fawr yn ddisglair yng ngolau'r lloer.

"Paid Josua! O Paid!"

Rhuthrodd Caleb ar ôl y milwr. Ond yr oedd Josua wedi cyrraedd y dyn.

"Paid! Paid Josua!"

Roedd Caleb yn rhy hwyr.

Gwelodd y gyllell fawr yn codi'n sydyn. Taflodd Caleb ei hun ar y ddaear. Gwthiodd ei ben i lawr y gorlan. Pridd, baw defaid, dail mân. Cau llygaid. Cau clustiau. A chyllell fawr Josua yn symud i fyny ac i lawr. Ac i mewn ac allan wedyn. A'r defaid yn brefu a brefu.

"Ty'd Caleb! Ty'd!"

Roedd Josua'n sychu llafn y gyllell fawr. Ond doedd Caleb ddim yn gwrando. Cododd yn araf bach a dechrau cerdded yng nghanol y defaid gwyllt. Cerdded yn ôl ac ymlaen.

Cerdded ar hyd ac ar draws y gorlan. Gallai Josua glywed y bachgen yn siarad yn ddistaw efo'r defaid. Cerdded yn araf yn eu canol, a siarad yn dawel. A'r anifeiliad yn tawelu ac yn llonyddu. A'u brefu gwyllt yn distewi.

Roedd hi'n dal yn dawel draw yn y ddinas hefyd. Doedd yna yr un milwr wedi galw o ben y wal fawr. Gadawodd Caleb a Josua gorlan y defaid yn ddistaw bach.

Cerddodd y ddau drwy'r nos a cherdded i gyfarfod y wawr. A chyrraedd gwinllan a murddun heb do arno fo. Yno yr oedd y deg ysbïwr arall wedi bod yn cuddio, yn cysgu. Dechreuodd ei holi.

"Be welsoch chi?"

"Dinas fawr. A waliau mor uchel â'r cymylau," meddai Caleb.

"A milwyr?"

"Milwyr anferth. Pob un ohonyn nhw fel cawr."

"Ac arfau ganddyn nhw?"

"Mae ganddyn nhw gleddyfau fel llafnau'r haul," meddai Caleb eto.

"Pa obaith sydd gennym ni felly? A pham wyt ti'n gwenu Caleb?"

"Mi ydw i'n gwenu am fy mod i'n hapus. Mi ydw i wedi gweld ein gwlad newydd ni."

"Mi wyt ti'n wallgof! Dinasoedd ar yr awyr. Milwyr fel cewri. Does gennym ni ddim gobaith o ennill y wlad."

"Mi fyddwn ni yn ennill y wlad am fod Duw gyda ni," atebodd Caleb, yn dal i wenu.

"Roedd Duw efo ni pan oeddwn i'n hongian o ben y wal a'r milwyr yn sefyll uwch fy mhen i. Welodd neb mohono i er bod golau'r lloer yn goleuo'r wal i gyd."

"Mae Caleb yn dweud y gwir." Tro Josua oedd hi i siarad rwan.

"Dowch. Mae gennym ni newydd da i'w ddweud wrth Moses. Mi fydd Duw efo ni yn y wlad newydd."

Wrth gerdded o'r winllan fe dorrodd Caleb a Josua bedwar tusw trwm o rawnwin o'r coed. A'u rhoi ar eu hysgwyddau.

"Er mwyn dangos bod y wlad yn wlad dda," meddai Josua dros ei ysgwydd wrth y deg dyn arall a oedd yn cerdded yn araf y tu ôl iddyn nhw.

"Mi ydw i'n hapus am reswm arall hefyd," meddai Caleb wrth y milwr.

"Pa reswm ydi hwnnw?"

"Mae neithiwr wedi dangos y dyfodol i mi. Mi ydw i'n gwybod beth fydd y ddau ohonom ni yn ei wneud ymhen blynyddoedd."

"Wel?"

"Mi fyddi di yn filwr enwog, Josua. Ti fydd yn ein harwain ni i mewn i'r wlad newydd."

Edrychodd Josua drwy gil ei lygad ar y bachgen.

"A be fyddi di'n ei wneud Caleb?"

"Ffermio. Bugeilio. Gofalu am dir y wlad newydd. A hel y grawnwin bob mis Gorffennaf."

Ac yr oedd y grawnwin yn loyw yng ngolau'r haul, a'r ddau yn rhannu'r baich.

Erbyn iddyn nhw gyrraedd yn ôl ar yr Iddewon yn eu pebyll yr oedd yr haul yn machlud. Ond roedd Moses yn sefyll yng nghanol y pebyll yn aros amdanyn nhw.

Mae hanes Caleb yn llyfrau Numeri a Josua yn y Beibl. Yn ardal Hebron, yn ne gwlad newydd yr Iddewon y bu Caleb yn ffermio, y fo a'i deulu.

MENYG LÊS A'R YNYS FAWR

Pan oeddwn yn rhyw saith oed yn 1947, fe dderbyniais anrheg drwy'r post. Dim byd yn rhyfedd yn hynn'na, meddech chi....ond o wlad bell y daeth y parsel, a thrwy gydol yr Ail Ryfel Byd doedd bron dim parseli yn cyrraedd Cymru o wledydd pell.

Parsel bychan, ysgafn ydoedd; rhwygais y papur brown a thu mewn yr oedd y pâr bach delaf o fenyg a welsoch erioed - rhai lês gwyn gydag addurniadau lês o gwmpas y garddyrnau. Fuasai merched heddiw ddim yn gwisgo pâr felly, ond yn y pedwardegau dyna beth y byddem yn ei wisgo ar ein dwylo i fynd i'r cwrdd ar ddydd Sul yn yr haf. Dotiais ar fy anrheg; roedd y menyg yn ffitio'n berffaith a bum yn eu gwisgo'n selog bob haf hyd nes iddynt fynd yn rhy fach.

Ond beth oedd mor arbennig am y menyg lês hyn? Dau beth rwy'n credu. Roedden nhw'n dod o'r Ynys Fawr - neu Madagascar fel y gelwir hi gan amlaf - lle'r oedd gwragedd yn enwog am eu gwaith lês cain, ac yn ail, yr oedd yr hen-ewythr a'u hanfonodd ataf wedi bod yn byw yno fel cenhadwr am dros 40 o flynyddoedd, yn un o'r llu Cymry a fu yn byw a gweithio yno ers dechrau'r ganrif ddiwethaf.

Mor bell yn ôl â 1796 yr oedd pobl yng Nghymru wedi dechrau casglu arian ar gyfer cenhadu. Aeth Tomos Charles o'r Bala ei hun i ymweld â llong y *Duff* pan ddaeth honno yn ôl o Ynysoedd Môr y De. Yn ysgol y pregethwr Thomas Phillips yn Neuadd-lwyd, Ceredigion, fe daniwyd sawl un o'i fyfyrwyr ifanc â'r awydd i fynd i bregethu am Iesu Grist mewn gwledydd pell. Dim ond un deg chwech oed oedd **David Jones** pan ddechreuodd bregethu yn 1813. Bachgen arall tua'r un oed yn yr ysgol oedd **Thomas Bevan**. Yr oedd y ddau yn fechgyn galluog, llawn ynni a oedd wedi penderfynu yn gynnar eu bod am fynd yn bregethwyr ac yn genhadon. Erbyn 1817, ar ôl cyfnod byr o astudio yn Lloegr, roedd y ddau yn paratoi i fynd i Madagascar gyda'u gwragedd ifanc.

Heddiw, i fynd i Madagascar, byddem yn hedfan yno mewn

awyren neu yn mynd yn hamddenol, braf ar long foethus trwy gamlas Suez. Yn 1818 yr oedd teithio i Madagascar yn golygu sawl mis o fordaith anodd ar hyd arfordir gorllewinol cyfandir Affrica mewn llong hwyliau fregus. Dyna ddewrder! Ond roedd y ddau deulu yn ifanc, yn llawn hyder a gobaith ac yn edrych ymlaen at fyw ar yr ynys hon a oedd yn cael ei disgrifio fel paradwys, gwlad o goedwigoedd a llynnoedd a'r brodorion croenfrown yn groesawgar a charedig.

Ond chwalwyd eu breuddwyd yn greulon oherwydd o fewn ychydig fisoedd wedi iddynt lanio yn Awst 1818, fe'u trawyd gan afiechyd heintus a bu farw pump ohonynt - Thomas Bevan, ei wraig a'u baban a gwraig David Jones a'u baban. Gadawyd David Jones yn unig, gwan a thrist ond nid person i roi i fyny'n hawdd ydoedd. Brwydrodd ymlaen a chyn hir fe ddaeth Cymro arall i ymuno ag ef yn 1821 sef David Griffiths o Wynfe, Sir Gaerfyrddin. Tra bod David Jones yn ddyn tenau, eiddil ar ôl ei afiechyd, yr oedd David Griffiths yn ddyn mawr, cryf. Daeth y ddau yn ffrindiau mynwesol a gweithio'n galed gyda'i gilydd. Heblaw dysgu siarad Ffrangeg a darllen hen ieithoedd Lladin, Groeg a Hebraeg, yr oedd y ddau hefyd wedi ymroi i ddysgu iaith Madagascar - Malagasi - yn rhugl. Cawsant gefnogaeth y brenin Radama a welodd mai am helpu ei bobl yr oedd y ddau Gymro a rhoddodd dŷ yr un iddynt.

Gwyddai'r ddau Ddafydd mor bwysig oedd y Beibl i bobl Cymru ac yr oeddent yn benderfynol o roi yr un trysor yn llaw pobl Madagascar. Ond nid oedd yr iaith Malagasi yn iaith ysgrifenedig. Felly, rhaid oedd i'r Cymry ddechrau ysgrifennu'r iaith i lawr. Y broblem gyntaf oedd pa wyddor y byddent yn ei defnyddio i gyfleu gwahanol synau yr iaith. Y mae'r Gymraeg yn iaith ffonetig fwy neu lai, lle mae gan bob sŵn ei lythyren ei hun - yn dra gwahanol i'r Saesneg - ac y mae hyn yn ei gwneud yn haws i'w darllen. Felly, dyma'r ddau Ddafydd yn penderfynu dilyn patrwm y Gymraeg a chael un lythyren ar gyfer pob sŵn. Ond nid oedd John Jeffries, cenhadwr o Sais a oedd gyda nhw, yn fodlon o gwbwl i hyn. Bu dadlau ffyrnig rhyngddyn nhw gyda'r London Missionary Society yn cefnogi Jeffries. Yr oeddent am i'r Saesneg fod yn sail gwyddor Madagascar. Ond nid oedd David Griffiths yn ddyn i roi i mewn yn hawdd; yr oedd yn ŵr cadarn dros yr hyn a gredai, gŵr ystyfnig yn wir yn ôl ei wrthwynebwyr. Gan ei fod yn hollol sicr mai ei benderfyniad ef a David Jones oedd yr un iawn, gwrthododd ildio ac yn y diwedd y Cymry a enillodd y dydd. Bu'n frwydr anodd, ffyrnig ond dyna un o gymwynasau mwyaf Cymru i bobl Madagascar - sicrhau iaith a fyddai'n hawdd ei darllen.

Y cam nesaf yn awr oedd cyfieithu'r Beibl a hefyd "Taith y Pererin", y ddau lyfr a oedd ymhob tŷ bron yng Nghymru yn ystod y ganrif ddiwethaf. Rhaid hefyd oedd dysgu'r bobl i ddarllen ac ysgrifennu a dyma nhw'n cychwyn ysgolion ar hyd a lled yr ynys. Heidiodd y plant a'r bobl ifanc iddynt, yn fechgyn a merched. Meddai David Griffiths:-"Mae ein disgyblion ieuanc gymaint eu hawydd a'u syched am wybodaeth fel y maent oddi amgylch y t bob bore yn ymofyn am ysgol cyn codi haul"! Cafodd y ddau Ddafydd gwmni newydd o Gymru hefyd sef David Johns o Llanina, Ceredigion a helpodd gyda'r gwaith o gyfieithu'r Beibl - tri Dafydd yn awr wrthi! Erbyn 1836 yr oedd y Beibl yn barod i bobl Madagascar yn eu hiaith eu hunain, a hynny i raddau helaeth yn waith y cenhadon o Gymru.

Ond yn yr un flwyddyn dechreuodd cyfnod anodd yn yr hanes oherwydd bu farw y brenin Radama, ffrind y cenhadon, a chipiwyd y goron gan y Frenhines Ranavalona - y "frenhines gâs" fel y cafodd ei henwi wedyn. Roedd hi am droi nôl at y crefyddau paganaidd a chosbodd y Cristnogion yn greulon. Caent eu lladd yn unig os oedd Beibl ganddynt. Ond er i'r cenhadon orfod ffoi, bu pobl Madagascar yn ddewr a ffyddlon; cuddiwyd a chladdwyd miloedd o Feiblau a phan fu farw Ranavalona yn 1861 gallodd y cenhadon ddychwelyd. Y tro yma gŵr a gwraig o Sir Benfro, Thomas ac Elizabeth Rowlands, oedd y Cymry a helpodd i ail-sefydlu'r eglwysi yn Madagascar ac ar eu hôl hwy daeth llawer un arall i gadw'r cysylltiad agos rhwng Cymru a'r Ynys Fawr.

Yn 1910 yr aeth fy hen-ewythr i, David Owen Jones (Dafydd arall!) i Fadagascar a bu yn pregethu a dysgu yno am bedwar deg o flynyddoedd. Yr oedd yn brifathro yn y Coleg Diwinyddol yn y brifddinas Antananarivo a chyfieithodd lawer o emynau o'r Gymraeg gan fod pobl Madagascar mor hoff o ganu. Flynyddoedd wedi iddo farw aeth perthynas arall i mi i ymweld â Madagascar ac wrth deithio yn ne yr ynys dechreuodd siarad â gŵr y tu allan i eglwys a ofynodd iddo o ble'r oedd yn dod. "O Gymru" meddai ac ebe'r gŵr "Cymro o'r enw Jones oedd fy hen athro i yn y coleg". "Roedd Daniel Owen Jones yn gefnder i mi" meddai fy mherthynas. Heb ddweud dim, dyma'r gŵr yn rhedeg i mewn i'r eglwys a dychwelyd â Llyfr Emynau Malagasi yn ei law. "Dyma chi" meddai, "gwaith D.O.Jones" a phwyntio at emyn ar ôl emyn yn y llyfr, yn eu plith "Calon Lân". Felly os ewch chi rywdro i ynys Madagascar efallai y clywch chi "Calon lân" yn cael ei ganu'n hwylus gan y miloedd sy'n tyrru i'r cwrdd ym mhob pentref a thref - ac fe fyddwch yn teimlo'n gartrefol. Fe gerddwch ar hyd Stryd David Jones a Stryd Thomas Bevan yn y brifddinas Antananarivo ac ymfalchio bod gwlad mor bell i ffwrdd yn anrhydeddu dau Gymro am eu bod yn gymwynaswyr i'r wlad. Yn eglwys Tranovato, Toamasina mae Beibl Cymraeg yn y pulpud ac yn eglwys Minny Street, Caerdydd y mae Beibl Malagasi gan fod y ddwy eglwys wedi eu hefeillio. Oes, mae cwlwm tynn yn dal i fod rhwng Cymru a Madagascar.

Ac o ie...mae'r menyg bach lês yna gen i o hyd ar ôl yr holl flynyddoedd, yr ysgogiad cyntaf i mi, rwy'n weddol siŵr, ar fy ffordd i weithio heddiw dros Gymorth Cristnogol.

Elenid Jones

Anrheg i Iesu Grist

Gofynnwyd i rai o blant ysgol gynradd Manod, Blaenau Ffestiniog beth fyddant yn ei roi fel anrheg i Iesu Grist petai yn cael ei eni heddiw:

Daniel:
Pe bai Iesu Grist yn cael ei eni eleni byddwn yn rhoi cyfrifiadur iddo yn anrheg er mwyn iddo gael e-bostio negeseuon i bawb.

Llinos Griffiths:
Pe bai Iesu Grist yn cael ei eni eleni byddwn yn rhoi esgidiau cyffyrddus iddo'n anrheg.

Ashley:
Pe bai Iesu Grist yn cael ei eni eleni byddwn yn rhoi Beibl yn anrheg iddo fel y gallai edrych yn ôl ar ei fywyd dwy fil o flynyddoedd yn ôl.

Clare:
Pe bai Iesu Grist yn cael ei eni eleni byddwn yn rhoi potyn aur yn llawn o arian iddo gan fod popeth mor ddrud heddiw.

Kiki:
Pe bai Iesu Grist yn cael ei eni eleni byddwn yn rhoi ceffyl yn anrheg iddo. Pan fyddai yn fychan byddai yn gallu chwarae ag ef ac yna ar ôl iddo dyfu gallai ei ddefnyddio i grwydro o amgylch Cymru.

Llinos Orton:
Pe bai Iesu Grist yn cael ei eni eleni byddwn yn rhoi cadwyn wddf aur iddo gyda ei enw wedi ei lofnodi arni.

Gweno:
Pe bai Iesu Grist yn cael ei eni eleni byddwn yn rhoi Beibl yn anrheg iddo fel y byddai yn gallu darllen am ei ddyddiau ar y byd y tro olaf y daeth.

Ben:
Pe bai Iesu Grist yn cael ei eni eleni byddwn yn rhoi cyfrifiadur yn anrheg iddo i'w helpu i lythyru a siarad a phobl ym mhob man.

Sioned Humphreys:
Pe bai Iesu Grist yn cael ei eni eleni fe fyddwn yn rhoi beic a helmed iddo'n anrheg. Roedd o yn cymeryd oriau i fynd o le i le ar gefn yr hen ful. Byddai beic yn mynd ag ef yn llawer mwy sydyn. Ar flaen y beic fe fyddwn yn rhoi basged iddo allu cario ei bethau yn ddiogel.

Thea:
Pe bai Iesu Grist yn cael ei eni eleni byddwn yn rhoi angel tegan drud iddo gan mai angel ddywedodd wrth y byd ei fod wedi dod.

Emma:
Pe bai Iesu Grist yn cael ei eni eleni byddwn yn rhoi dillad newydd sbon iddo yn anrheg. Doedd ganddo ddim dillad i'w gadw yn gynnes a chlyd pan ddaeth o i'r byd y tro diwethaf.

Dyma rai o obeithion plant yr ysgol eto ar gyfer y mileniwm newydd

Vicky:
Pawb yn stopio cwffio, yn gwrando ar reolau Duw ac yn rhannu pethau yn decach.

Caitlin:
Dim difetha yr amgylchfyd, dim torri mwy o goed ac anifeiliaid prin y byd ddim yn cael eu peryglu.

Michael:
Dim rhyfel na thrychinebau fel corwynt a daeargryn yn lladd pobl ddiniwed.

Bryn:
Mi fyddwn yn hoffi gweld pobl y byd i gyd yn ffrindiau.

Ellen Mair:
Pobl yn rhannu eu cyfoeth â thrueiniaid tlawd y byd.

Sarah:
Mi fyddwn yn hoffi gweld y byd yn le mwy hwyliog a hapus.

Llyr:
Dim rhyfel, trowynt, daeargryn a thân fynyddoedd i ladd pobl.

Ffion Griffith:
Pawb yn gweddio cyn mynd i'w gwlau i ddiolch i Dduw am yr holl bethau maent wedi eu cael.

Caryl:
Mi fyddwn yn hoffi cael byd di-bres fel bod pobl yn llawer mwy parod wedyn i rannu ag eraill.

Iwan Michelmore:
Pawb yn y byd hefo cartref clyd a digon o fwyd.

Janine:
Dim mwy o ryfeloedd, pawb yn hapus ac anifeiliaid y byd yn cael byw yn naturiol.

Ffion Haf:
Pawb yn rhannu; bod yn ffrindiau a stopio rhyfela; digon o fwyd i bawb yn y byd; a phawb yn parchu'r byd.

DYMA FI YN 2000

Enw: ....

Cyfeiriad: ....

....

....

Aelodau eraill o'r teulu: ....

....

....

Dyma fy llun   **Dyma lun fy nheulu**

Dyma fy hanes ar Ionawr 1af, 2000:

....

....

....

....

Dyma ychydig o bethau a oedd yn y newyddion:

....

....

....

....

....

....

....

....

Fy ffrindiau: ....

....

....

Fy ysgol: ....

Fy athrawon: ....

Pethau eraill rwy'n perthyn iddynt: ....

....

Rwyf yn byw yn: ....

Poblogaeth yr ardal: ....

Dyma lun o'r tŷ:

DIDDORDEBAU 2000

Hoff fwyd : ....

....

Hoff gerddoriaeth : ....

Hoff ddywediad : ....

Hoff le : ....

Hoff chwaraeon : ....

....

Hoff degan : ....

Hoff raglen deledu : ....

....

Hoff gêm : ....

LLUNIAU 2000

Car newydd

Dillad ffasiynol yn 2000

Fy Hoff eitemau bwyd

Fy Hoff gêm/cyfrifiadur

YCHYDIG O FY HANES

Ionawr:

Chwefror:

Mawrth:

Ebrill:

Mai:

Mehefin:

Gorffennaf:

Awst:

Medi:

Hydref:

Tachwedd:

Rhagfyr:

YN Y FLWYDDYN 2000

Pris paced o greision:

Pris byrger a sglodion:

Pris peint o lefrith:

Pris can *Coke*:

Pris papur newydd:

Pris comic:

Pencampwyr pêl-droed:

Enillwyr Wimbledon:

Pencampwr Snwcer y Byd:

Rhai grwpiau pop yn y siartiau:

Os wyt am wybod mwy am Iesu, dyma rhai llyfrau i'th helpu:

Y Beibl Bach i Blant	**£9.99**
(64 stori o'r Beibl i rai 4-7 oed)	
Y Beibl Lliw i Blant	**£17.95**
(125 stori o'r Beibl i rai 7-11 oed)	
Hoffet ti nabod Iesu	**95c**
(Llyfr yn esbonio pwy yw Iesu)	